1일 1장으로 완벽 대비

JLPT N1

미니학습지

문자 어휘편 · 문법편

목차 문자어휘편

DAY 01	한자어 명사 ①	4
DAY 02	한자어 명사 ②	8
DAY 03	한자어 명사 ③	12
DAY 04	한자어 명사 ④	16
DAY 05	한자어 명사 ⑤	20
DAY 06	고유어 명사 ①	24
DAY 07	고유어 명사 ②	28
DAY 08	고유어 명사 ③	32
DAY 09	고유어 명사 ④	36
DAY 10	고유어 명사 ④	40
DAY 11	가타카나 명사 ①	44
DAY 12	가타카나 명사 ②	48
DAY 13	가타카나 명사 ③	52
DAY 14	가타카나 명사 ④	56
DAY 15	동사 ①	60
DAY 16	동사 ②	64
DAY 17	동사 ③	68
DAY 18	동사 ④	72
DAY 19	동사 ⑤	76
DAY 20	형용사 ①	80
DAY 21	형용사 ②	84
DAY 22	형용사 ③	88
DAY 23	형용사 ④	92
DAY 24	형용사 ⑤	96
DAY 25	접속사, 부사, 확장표현 ①	100
DAY 26	접속사, 부사, 확장표현 ②	104
DAY 27	접속사, 부사, 확장표현 ③	108
DAY 28	접속사, 부사, 확장표현 ④	112
DAY 29	접속사, 부사, 확장표현 ⑤	116
DAY 30	접속사, 부사, 확장표현 ⑥	120
정답	문자어휘편	186

문법편

DAY 01	126
DAY 02	128
DAY 03	130
DAY 04	132
DAY 05	134
DAY 06	136
DAY 07	138
DAY 08	140
DAY 09	142
DAY 10	144
DAY 11	146
DAY 12	148
DAY 13	150
DAY 14	152
DAY 15	154
DAY 16	156
DAY 17	158
DAY 18	160
DAY 19	162
DAY 20	164
DAY 21	166
DAY 22	168
DAY 23	170
DAY 24	172
DAY 25	174
DAY 26	176
DAY 27	178
DAY 28	180
DAY 29	182
DAY 30	184
정답 문법편	196

DAY 01 어휘체크 한자어 명사 ①

1 街道(かいどう)

가도

祭りの行列が街道を渡っていた。

CHECK! 道路 도로

2 脚光(きゃっこう)

각광

AI産業は、第4次産業革命を引っ張る産業として脚光を浴びています。

3 脚色(きゃくしょく)

각색

三谷(みたに)さんの小説を映画に脚色した。

4 干潟(ひがた)

갯벌

干潟(ひがた)は、干満(かんまん)の差でできる。

5 葛藤(かっとう)

갈등

通学路での速度制限をめぐって、住民の間で葛藤が起きた。

6 更生(こうせい)

갱생

不良学生を更生させる。

CHECK! 改心(かいしん) 개심・矯正(きょうせい) 교정

7 隔離(かくり)

격리

ウイルス拡散防止のため、感染者の隔離を決めた。

8 隔絶(かくぜつ)

격절(동떨어짐)

文明社会と隔絶したところ。

9	決済(けっさい)	결제	

当店では、電子マネーでの決済(けっさい)が可能です。
CHECK! 支払い 지불・精算(せいさん) 정산

| 10 | 境内(けいだい) | (신사, 사찰의) 경내 |

この神社の境内(けいだい)は広く、参拝者(さんぱいしゃ)がゆったりと過ごせる場所だ。

| 11 | 競売(きょうばい) | 경매 |

その作品は、競売(きょうばい)で1億円の値(ね)が付いた。
CHECK! オークション 옥션(경매)

| 12 | 啓蒙(けいもう) | 계몽 |

大衆を啓蒙(けいもう)する。

| 13 | 拷問(ごうもん) | 고문 |

拷問(ごうもん)による証言は、法的に認められません。

| 14 | 苦杯(くはい) | 고배 |

私たちのチームは、予選脱落の苦杯(くはい)を喫(きっ)した。
CHECK! 苦杯(くはい)を喫(きっ)する 고배를 마시다

| 15 | 固辞(こじ) | 고사(일부러 사양함) |

彼は東京都知事(とうきょうとちじ)の候補に推薦(すいせん)されたが、固辞(こじ)した。

| 16 | 高揚(こうよう) | 고양 |

彼の演説は、大衆を高揚(こうよう)させた。

17	曲折(きょくせつ)	곡절 母の人生は、曲折(きょくせつ)が多かった。 CHECK! 紆余曲折(うよきょくせつ) 우여곡절
18	工業(こうぎょう)	공업 川崎(かわさき)は、日本の代表的な工業地帯(こうぎょうちたい)だ。 CHECK! 軽工業(けいこうぎょう) 경공업・重工業(じゅうこうぎょう) 중공업
19	控除(こうじょ)	공제 寄付金(きふきん)は、税金から控除(こうじょ)される。
20	寡占(かせん)	과점 国では、少数の会社で市場を寡占(かせん)することを禁じている。 CHECK! 独占(どくせん) 독점・独寡占(どくかせん) 독과점

문제유형 맛보기

問題1 ＿＿＿の言葉の読み方として最もよいものを、1・2・3・4から一つ選びなさい。

1　彼は、啓蒙主義に近い思想を持っている。

1　げいもう　　2　けいぼう　　3　けいもう　　4　けいおう

1 다음 단어의 한자 표기와 발음을 연결하고 뜻을 써 보세요.

1 競売 ・　　　　　・① ひがた　　　[　　　　]
2 隔絶 ・　　　　　・② かくぜつ　　[　　　　]
3 街道 ・　　　　　・③ きょうばい　[　　　　]
4 境内 ・　　　　　・④ かいどう　　[　　　　]
5 干潟 ・　　　　　・⑤ けいだい　　[　　　　]

2 다음 괄호 안에 들어갈 것으로 가장 어울리는 단어를 고르세요.

1 スーパーフードとして(　　　)を浴びている。
　① 脚色　　　② 葛藤　　　③ 隔絶　　　④ 脚光

2 美浜さんは会社の代表取締役社長に推薦されたが、(　　　)した。
　（みはま）　　　（だいひょうとりしまりやくしゃちょう）（すいせん）
　① 高揚　　　② 固辞　　　③ 啓蒙　　　④ 控除

3 囚人を(　　　)することは、非人道的かつ人権侵害を理由に、禁じられた。
　（しゅうじん）　　　　　（ひじんどう）（じんけんしんがい）
　① 顧問　　　② 拷問　　　③ 虐待　　　④ 啓蒙

3 다음 밑줄 친 단어의 뜻과 가장 비슷한 단어를 고르세요.

1 会社が倒産し、会社の建物まで競売物件になってしまった。
　① 購入　　　② 仕入れる　　③ オークション　　④ 販売

2 更生の機会を与えることで、再犯率を減少させることができるとされている。
　① 改心　　　② 改正　　　③ 修理　　　④ 改定

3 葛藤が起きた時の解決方法は、人それぞれ違う。
　① 対立　　　② 対等　　　③ 一致　　　④ 和解

DAY 02 　어휘체크　한자어 명사 ②

21　乖離(かいり)

괴리

理想と現実との乖離。

22　巧拙(こうせつ)

교졸(잘하고 못함)

作品の巧拙を問わず受け取っています。

CHECK!　上手と下手 잘하고 못함

23　口頭(こうとう)

구두(대면하여 나누는 말)

卒業論文を提出したら、次は口頭試問が残っていた。

24　口答(こうとう)

구답(말로 대답함)

回答は口答ではなく、書面でしてください。

CHECK!　返答 대답, 응답・口述 구술

25　構想(こうそう)

구상

新しい小説の構想を練っています。

26　拘泥(こうでい)

구애

形式に拘泥しないことが重要です。

CHECK!　執着 집착・囚われる 사로잡히다, 구애되다, 얽매이다

27　極楽(ごくらく)

극락

暖かいお部屋においしい食べ物。ここぞ、極楽だ。

CHECK!　天国 천국

28　根拠(こんきょ)

근거

あなたの主張に根拠はありますか?

CHECK!　裏付け 뒷받침할 수 있는 근거

| 29 | 根性(こんじょう) | 근성 |

辛くても、根性を見せるのだ。

| 30 | 岐路(きろ) | 기로 |

私は今、人生の岐路に立っている。

| 31 | 朗報(ろうほう) | 기쁜 소식(낭보) |

孫が生まれたという朗報があった。

| 32 | 嗜好(しこう) | 기호 |

お酒は、代表的な嗜好品である。

| 33 | 冷笑(れいしょう) | 냉소 |

彼女は、その発言に冷笑した。

CHECK! 苦笑(くしょう) 쓴웃음

| 34 | 漏洩(ろうえい) | 누설 |

大手通信販売会社で個人情報が漏洩されたという。

CHECK! 漏れる(も) (정보 등이) 새다・漏らす(も) (정보 등을) 누설하다, 새게 하다

| 35 | 端緒(たんしょ) | 단서 |

些細(ささい)なことでも、事件解決の端緒になるかもしれない。

CHECK! 糸口(いとぐち) 실마리, 단서・手掛(てが)かり 단서

| 36 | 踏襲(とうしゅう) | 답습 |

前社長の方針をそのまま踏襲する。

37	大<ruby>失<rt>だい</rt></ruby><ruby>態<rt>しっ たい</rt></ruby>	대실태(큰 실수)
		仕事で大失態をしてしまった。

38	淘汰 (とうた)	도태
		結局、環境に適応できなかった種は淘汰される。

39	頭角 (とうかく)	두각
		彼は、早くも頭角を現した。
		CHECK! 目立つ 눈에 띄다

40	泥酔 (でいすい)	만취
		彼はウィスキーを飲み過ぎて、泥酔した。

문제유형 맛보기

問題2 （　　　）に入れるのに最もよいものを、1・2・3・4から一つ選びなさい。

[1] 夫は、泥酔して帰ってきた。

1　大酔（たいすい）　　2　禁煙（きんえん）　　3　気絶（きぜつ）　　4　食い倒れ（くいだおれ）

1 다음 단어의 한자 표기와 발음을 연결하고 뜻을 써 보세요.

1 漏洩　・　　　　　　・ ① ろうえい　　　[　　　　　]

2 嗜好　・　　　　　　・ ② しこう　　　　[　　　　　]

3 淘汰　・　　　　　　・ ③ とうた　　　　[　　　　　]

4 泥酔　・　　　　　　・ ④ でいすい　　　[　　　　　]

5 朗報　・　　　　　　・ ⑤ ろうほう　　　[　　　　　]

2 다음 괄호 안에 들어갈 것으로 가장 어울리는 단어를 고르세요.

1 通信サービス会社では、個人情報が(　　　)しないよう、注意を払わなければならない。

　　① 放棄　　　　② 欠漏　　　　③ 保護　　　　④ 漏洩

2 次の作品の内容を(　　　)している。

　　① 更生　　　　② 構図　　　　③ 構想　　　　④ 構築

3 (　　　)のない主張は、説得力を失ってしまう。

　　① 根拠　　　　② 根性　　　　③ 根底　　　　④ 根本

3 다음 밑줄 친 단어의 뜻과 가장 비슷한 단어를 고르세요.

1 お酒は<u>嗜好</u>品ですから、飲み過ぎない限り、止めることはないと思います。

　　① 好み　　　　② 好き嫌い　　③ 選ぶ　　　　④ 必須

2 実力を磨かなければ、いつかは<u>淘汰</u>されるよ。

　　① 生き残る　　② 排除　　　　③ 保持　　　　④ 維持

3 理想と現実の<u>乖離</u>に耐えられなくなった。

　　① 調和　　　　② 合致　　　　③ 不合致　　　④ 一致

DAY 03 　어휘체크　한자어 명사 ③

41　口調（くちょう）
말투
彼女は口調こそきついが、内面は優しい人だよ。
CHECK! 言い方 말투

42　網羅（もうら）
망라
この本は、日本中のほぼ全ての方言を網羅している。

43　呆然（ぼうぜん）
망연함(어이없음)
彼女は、意外な展開に呆然とした顔をしている。

44　猛省（もうせい）
맹성(매우 깊이 반성함)
彼は、今まで先生に取った態度について厳しく猛省した。

45　猛暑（もうしょ）
맹서(매우 더움)
今年の夏は、気象異変により、猛暑が予想されます。

46　猛反対（もうはんたい）
맹반대(매우 반대함)
親は、私の結婚に猛反対した。

47　明瞭（めいりょう）
명료
あの先生の授業は、明瞭な説明で人気がある。
CHECK! 簡単明瞭 간단명료・明解 명쾌

48　名簿（めいぼ）
명부
予約者名簿を確認してみた。
CHECK! リスト 목록・目録 목록

49	名札(なふだ)	명찰 名札を付ける。
50	侮辱(ぶじょく)	모욕 侮辱を受ける。 CHECK! 屈辱 굴욕
51	目録(もくろく)	목록 廃棄する図書の目録を作成してくれるかな。 CHECK! リスト 목록
52	微細(びさい)	미세 半導体の微細加工技術について論文を書きました。
53	密封(みっぷう)	밀봉 途中で開かないよう、密封しておきました。
54	伴奏(ばんそう)	반주 合唱コンクールで、伴奏する人を探しています。 CHECK! 演奏 연주
55	勃興(ぼっこう)	발흥(갑자기 일어나 한창 잘 되어 나감) 次々と新しい国家が勃興した。
56	放心(ほうしん)	방심 彼はテスト結果を聞いて、放心状態になった。

57	方角(ほうがく)	방위, 방향, 수단, 방법 道に迷った時は、方角(ほうがく)を確認することが大事です。 **CHECK!** 方向(ほうこう) 방향
58	配偶者(はいぐうしゃ)	배우자 配偶者(はいぐうしゃ)の有無を記入してください。
59	伯仲(はくちゅう)	백중(세력이 팽팽함) 二人の実力が伯仲(はくちゅう)する。
60	繁盛(はんじょう)	번성 これは、商売繁盛(しょうばいはんじょう)のお守りです。

📝 문제유형 맛보기

問題3 ＿＿の言葉に意味が最も近いものを、1・2・3・4から一つ選びなさい。

1　北の方角へ向かって歩いていきましょう。

1　方針　　　2　放射　　　3　方法　　　4　方向

1 다음 단어의 한자 표기와 발음을 연결하고 뜻을 써 보세요.

1 勃興 ・　　　　　・ ① めいりょう　　　[　　　　]
2 伴奏 ・　　　　　・ ② はくちゅう　　　[　　　　]
3 伯仲 ・　　　　　・ ③ ばんそう　　　　[　　　　]
4 繁盛 ・　　　　　・ ④ ぼっこう　　　　[　　　　]
5 明瞭 ・　　　　　・ ⑤ はんじょう　　　[　　　　]

2 다음 괄호 안에 들어갈 것으로 가장 어울리는 단어를 고르세요.

1 父は、家の後ろに鉄道が設置されることに(　　　)した。
　① 猛攻撃　　② 猛認定　　③ 猛承諾　　④ 猛反対

2 彼女は、非難めいた(　　　)で彼に話した。
　① 口頭　　　② 口答　　　③ 口出し　　④ 口調

3 この動物事典は、日本中の動物を(　　　)しています。
　① 網羅　　　② 取り扱い　③ 扱い　　　④ 待遇

3 다음 밑줄 친 단어의 뜻과 가장 비슷한 단어를 고르세요.

1 彼は相手の微細な変化も逃しません。
　① 少数の　　② 巨大な　　③ 大きな　　④ 小さな

2 今回の会議に参加する人のリストを作成しました。
　① 目録　　　② 目次　　　③ 目標　　　④ 目的

3 スーツケースに名札をつけておいた。
　① ネーミング　② リスト　③ ネームタグ　④ シール

DAY 04　어휘체크　한자어 명사 ④

61　伐採（ばっさい）
벌채
紙を作るために、今も多くの木が伐採されている。

62　返済（へんさい）
변제
クレジットカードの返済日は15日です。

63　補導（ほどう）
보도(바른 길로 인도함)
非行少年を補導する。
CHECK!　指導 지도

64　保持（ほじ）
보유
彼は、マラソン世界新記録を保持している。

65　普遍（ふへん）
보편
人権の尊重は、普遍的な原理として守られるべきです。
CHECK!　共通 공통・一般的 일반적

66　本名（ほんみょう）
본명
芸能人の中には、本名の代わりに芸名を使う人もいます。

67　浮沈（ふちん）
부침(떠오르고 잠기는 것)
会社が安定するまでは、様々な浮沈があった。

68　憤慨（ふんがい）
분개
夫は、児童虐待のニュースを見て憤慨した。
CHECK!　激怒 격노

69	分別 (ぶんべつ)	분별	ゴミの分別をしっかりしましょう。
70	奔走 (ほんそう)	분주	起業のための資金集めに奔走している。
71	不滅 (ふめつ)	불멸	この曲は、この作曲家が残した不滅の名曲だ。
72	不信 (ふしん)	불신	彼女は、政府へ不信を抱いている。
73	不朽 (ふきゅう)	불후	「人間失格」は、太宰治の書いた不朽の名作ですね。
74	詐欺 (さぎ)	사기	「振り込め詐欺」には、くれぐれもご注意ください。
75	査証 (さしょう)	사증	入国のための査証をもらいました。 CHECK! ビザ 비자
76	常軌 (じょうき)	상궤	彼女の行動は、常軌を失った行動だった。

77	喪中(もちゅう)	상중 喪中のため、年始の挨拶は控えさせていただきます。
78	選考(せんこう)	선고 書類選考の合格者のみ、面接選考の日時をお知らせします。
79	設計図(せっけいず)	설계도 祖父が書いた、この家の設計図を見つけた。
80	盛衰(せいすい)	성쇠 王朝の盛衰。

문제유형 맛보기

問題4 次の言葉の使い方として最も良いものを、1・2・3・4から一つ選びなさい。

[1] 選考

1　行きたい大学を選考します。
2　当大学の入学試験には、面接選考があります。
3　合格者を誰に選考するか迷っている。
4　合格したら、選考しますね。

1 다음 단어의 한자 표기와 발음을 연결하고 뜻을 써 보세요.

1 分別 ・　　　　・ ① ほんみょう　　[　　　]
2 奔走 ・　　　　・ ② ふんそう　　　[　　　]
3 喪中 ・　　　　・ ③ さぎ　　　　　[　　　]
4 詐欺 ・　　　　・ ④ もちゅう　　　[　　　]
5 本名 ・　　　　・ ⑤ ぶんべつ　　　[　　　]

2 다음 괄호 안에 들어갈 것으로 가장 어울리는 단어를 고르세요.

1 環境を守るために、ゴミの(　　　)をもっとしっかりしましょう。
　① 分析　　② 分別　　③ 分担　　④ 分離

2 借金をすべて(　　　)した。
　① 返済　　② 返却　　③ 返信　　④ 返金

3 この本が出るまで、(　　　)も多かったが、無事出版されてよかった。
　① 浮沈　　② 浮上　　③ 浮遊　　④ 浮動

3 다음 단어의 쓰임이 가장 어울리는 것을 고르세요.

1 補導
　① 非行少年が警察に補導されています。
　② その事件は、ニュースで大きく補導された。
　③ ここは補導のため、車が通ることはできません。
　④ 記者は、事実を補導する義務がある。

2 保持
　① 随時にパソコンに保持しなければならない。
　② 彼は、高跳びの世界記録を保持しています。
　③ 保持金はたったの5,000円です。
　④ 私の祖父は、地元に大きな山を保持しています。

DAY 05 어휘체크 한자어 명사 ⑤

81 小児科(しょうにか)

소아과
4月は、小児科(しょうにか)が一番忙しい時期だ。

82 束縛(そくばく)

속박
人を束縛(そくばく)してはいけない。

83 殺到(さっとう)

쇄도
新商品に関する問い合わせが殺到(さっとう)した。

84 修復(しゅうふく)

수복
外交(がいこう)関係を修復(しゅうふく)した。

CHECK! 修理 수리・元に戻す 원래대로 되돌리다

85 手腕(しゅわん)

수완
彼は手腕(しゅわん)がいい。

CHECK! 腕・腕前 실력, 기량

86 猛者(もさ)

수완가, 고수, 맹자
彼女はこの道の猛者(もさ)だ。

87 囚人(しゅうじん)

수인, 죄수
私は、刑務所(けいむしょ)で囚人(しゅうじん)の健康をチェックする仕事をしています。

88 修行(しゅぎょう)

수행
柔道(じゅうどう)を修行(しゅぎょう)する。

89 示唆 (しさ)
시사
首相は、法案改正の可能性を示唆した。

90 試案 (しあん)
시안
デザインの試案を見せてくれますか？
CHECK! 成案(せいあん) 구체적으로 확정된 안건이나 문건

91 略奪 (りゃくだつ)
약탈
災害により社会が混乱している間、生活物資が略奪されたと報道がありました。

92 力不足 (ちからぶそく)
역부족
独立するには、まだ力不足です。

93 連携 (れんけい)
연계
大学と企業が連携して行う研究のことを、産学連携と言います。

94 流布 (るふ)
유포
極秘プロジェクトの詳細が流布され、うちの会社は危機に直面した。

95 匿名 (とくめい)
익명
匿名掲示板は、自由な意見交換ができるという長所がある。

96 喫緊 (きっきん)
중요함, 시급
人口の不均衡の解決こそ、我が国における喫緊の課題だ。

97	体裁(ていさい)	체면, 외관 一人でご飯を食べるのは、体裁が悪いと思う人がいる。
98	愁傷(しゅうしょう)	크게 슬퍼함 私は彼の訃報を受け、愁傷した。
99	利便性(りべんせい)	편리성 この携帯電話は、他のものより利便性に優れている。
100	吉報(きっぽう)	희소식 娘が大手企業に合格したという吉報を聞き、夫は涙を見せた。

문제유형 맛보기

問題1 ＿＿＿の言葉の読み方として最もよいものを、1・2・3・4から一つ選びなさい。

1　環境問題こそ、現代社会における<u>喫緊</u>の問題である。

1　ききん　　　2　しきん　　　3　しっきん　　　4　きっきん

1 다음 단어의 한자 표기와 발음을 연결하고 뜻을 써 보세요.

1 吉報 ・　　　　　　　・ ① ていさい　　　　[　　　　　]

2 匿名 ・　　　　　　　・ ② るふ　　　　　　[　　　　　]

3 流布 ・　　　　　　　・ ③ とくめい　　　　[　　　　　]

4 体裁 ・　　　　　　　・ ④ きっぽう　　　　[　　　　　]

5 示唆 ・　　　　　　　・ ⑤ しさ　　　　　　[　　　　　]

2 다음 괄호 안에 들어갈 것으로 가장 어울리는 단어를 고르세요.

1 少子化により、(　　　)担当の医者や看護師の数が少なくなっている。

　① 小児科　　　② 児童科　　　③ 外科　　　④ 内科

2 この仕事は、私一人でするには(　　　)です。

　① 独不足　　　② 不足　　　③ 力不足　　　④ 役不足

3 ネットショッピングは、(　　　)に優れている。

　① 利便性　　　② 匿名性　　　③ 安全性　　　④ 迅速性

3 다음 단어의 쓰임이 가장 어울리는 것을 고르세요.

1 流布

　① 小さな川が流布している。

　② デマが流布されつつある。

　③ 個人情報は、しっかり流布されています。

　④ 大学の合格者にのみ、事前課題を流布します。

2 愁傷

　① 子供時代に対する強い愁傷。

　② 冷蔵庫が壊れて、中のものが全部愁傷した。

　③ 災害により家族を失った人々の愁傷な姿は、見ていられないものだった。

　④ 天気がどんどん愁傷になっていく。

23

DAY 06　어휘체크　고유어 명사 ①

101　本命（ほんめい）
가장 유력시되는 인물, 진심
都知事には、あの候補者が本命だと考えられている。

102　家出（いえで）
가출
家出した未成年たちが、犯罪の対象となっています。

103　隔たり（へだたり）
간격, 격차, 차이
彼と彼女の主張には大きな隔たりがある。
CHECK! 間隔（かんかく） 간격

104　介助犬（かいじょけん）
간호견
体が不自由な方の行動を補助する犬のことを「介助犬」と言います。

105　堅物（かたぶつ）
강직한 사람, 고지식한 사람
あの人は、堅物だ。

106　同い年（おないどし）
같은 나이, 동갑
吉田さんの息子と、私の娘は同い年で、同じクラスだ。

107　類い（たぐい）
같은 부류
市場にこの類いのものが出回っている。
CHECK! 類いない 유례가 없다, 비길 데가 없다

108　不摂生（ふせっせい）
건강을 신경 쓰지 않음
一人暮らしだからといって、不摂生な生活をしてはいけないよ。

109 粉飾 (ふんしょく)
겉치레, 미화
事実を粉飾して報告した。

110 幾重 (いくえ)
겹겹
幾重に重ね行く、あなたへの想い。
CHECK! 幾重にも 겹겹이

111 目論見 (もくろみ)
계획, 의도
サッカー協会は、実力のある外国の監督を招き、代表チームを指導させる目論見だ。

112 峠 (とうげ)
고개, 고비, 절정
父の病状は、今夜が峠のようだ。

113 鼓舞 (こぶ)
고무
監督は、選手たちの士気を鼓舞した。

114 山場 (やまば)
고비, 절정
映画の山場にさしかかる。

115 理屈 (りくつ)
구실, 핑계, 도리, 이치
理屈に合わない話はもうやめて。

116 都度 (つど)
그때마다, 그럴 때마다
変更の都度、ご連絡させていただきます。
CHECK! その都度 그때마다

117	老舗(しにせ)	노포(오래된 가게) 京都(きょうと)には、創業千年ほどの老舗(しにせ)が多いです。
118	目の当(めあ)たり	눈앞에서 바로 봄, 목격함 被災地の惨状(さんじょう)を目の当(めあ)たりにして、私は深い悲しみに包(つつ)まれた。
119	目玉(めだま)	눈알, 강조함 今月のスーパーの目玉(めだま)商品をチェックする。
120	甘口(あまくち)	단맛이 남 私は、甘口(あまくち)カレーが好きだ。 **CHECK!** 辛口(からくち) 매운맛이 남

문제유형 맛보기

問題2 （　）に入れるのに最もよいものを、1・2・3・4から一つ選びなさい。

1 （　）な生活をしていたら、あとで重い病気になるかもしれませんよ。

1　不摂生　　2　健全　　3　不朽　　4　不信

1 다음 단어의 한자 표기와 발음을 연결하고 뜻을 써 보세요.

① 鼓舞 ·　　　　　　　· ① とうげ　　　[　　　　　]

② 峠 ·　　　　　　　　· ② ほんめい　[　　　　　]

③ 本命 ·　　　　　　　· ③ ふんしょく　[　　　　　]

④ 類い ·　　　　　　　· ④ たぐい　　　[　　　　　]

⑤ 粉飾 ·　　　　　　　· ⑤ こぶ　　　　[　　　　　]

2 다음 괄호 안에 들어갈 것으로 가장 어울리는 단어를 고르세요.

① 性格が違う二人の間に(　　　)があるのは仕方ない。
　① 隔離　　② 仕切り　　③ 下り　　④ 隔たり

② 政府は、金利を安定させる(　　　)だ。
　① 意志　　② 目録　　③ 目論見　　④ 見込み

③ 彼女は、感情よりも(　　　)を重んじる人だ。
　① 理屈　　② 屈託　　③ 理論　　④ 利便

3 다음 단어의 뜻과 가장 비슷한 단어를 고르세요.

① 一番<u>目玉</u>にしたい記事は、1面に載せるのです。
　① 強調したい　② 強調したくない　③ 読んでほしくない　④ そらしたい

② 小動物の<u>類い</u>なら何でも好きです。
　① 感じ　　② 特徴　　③ 種目　　④ 種類

③ 戦争の惨状を<u>目の当たり</u>にして、私はショックを受けた。
　① 目撃　　② 視聴　　③ 聴取　　④ 鑑賞

DAY 07　어휘체크　고유어 명사 ②

121　大筋(おおすじ)
대강의 요점
話の大筋は掴んだ。
CHECK!　粗筋(あらすじ) 줄거리, 요점

122　溝(みぞ)
도랑
溝に落ちないように気を付けてね。

123　問屋(といや)
도매상
問屋に行けば、安い値段で物を買うことができます。
CHECK!　卸売り(おろしうり) 도매업

124　工面(くめん)
돈을 마련함, 주머니 형편
東京旅行の時に使う旅費を工面する。

125　金繰り(かなぐり)
돈의 융통
団体の運営資金の金繰りに困っている。

126　金詰り(かねづまり)
돈의 융통이 막힘, 돈이 없음
借金が多すぎてローンができなくなり、金詰りになってしまった。
CHECK!　金余り(かなあまり) 돈이 남아 돔

127　冬将軍(ふゆしょうぐん)
동장군
冬将軍が訪れたかのような、とても寒い日です。

128　裏口(うらぐち)
뒷문, 뒷구멍
彼女は、裏口入学したそうだよ。

129	不登校 ふとうこう	등교 거부 最近、いじめにより不登校になる子が多いようです。
130	体たらく てい	딱한 모양, 꼴 失恋をした彼女は、とても体たらくだった。
131	腹心 ふくしん	마음 깊은 곳, 깊이 신뢰함 腹心を打ち明けてみた。
132	袋小路 ふくろこうじ	막다른 골목길 逃げたところには、袋小路しかなかった。
133	晩節 ばんせつ	만년 晩節には、静かな田舎で過ごしたいと思っている。 **CHECK!** 晩年 만년
134	味付け あじつ	맛내기 塩と胡椒で味付けをする。
135	拮抗 きっこう	맞버팀 両勢力は、拮抗していた。
136	共働き ともばたらき	맞벌이 吉田くんの家は共働きで、いつも夕飯は簡単に済ませているんだって。

137	目途(めど)	목적, 목표 10月のリリースを目途(めど)に、細部日程を決めていこう。 **CHECK!** 目標 목표
138	道順(みちじゅん)	목적지로 가는 순서 カーナビを使うと、道順がすぐ分かる。
139	敷居(しきい)	문지방 敷居(しきい)を踏んではいけないという慣習があります。
140	浮気(うわき)	바람을 피움 石田(いしだ)さん、浮気(うわき)して離婚したようだね。

문제유형 맛보기

問題3 ＿＿＿の言葉に意味が最も近いものを、1・2・3・4から一つ選びなさい。

1 来年度入学を<u>目途</u>に、受験勉強を始めた。

1 目的　　　2 目標　　　3 目線　　　4 目安

1 다음 단어의 한자 표기와 발음을 연결하고 뜻을 써 보세요.

1 晩節 ・　　　　・ ① ばんせつ　　　[　　　　　]

2 腹心 ・　　　　・ ② ふくしん　　　[　　　　　]

3 拮抗 ・　　　　・ ③ きっこう　　　[　　　　　]

4 敷居 ・　　　　・ ④ しきい　　　　[　　　　　]

5 体たらく ・　　・ ⑤ ていたらく　　[　　　　　]

2 다음 괄호 안에 들어갈 것으로 가장 어울리는 단어를 고르세요.

1 今日は(　　　)の到来により、寒さが昨日よりも一層厳しくなりました。
　① 秋将軍　　　② 夏将軍　　　③ 冬将軍　　　④ 春将軍

2 うちは(　　　)なので、長男の僕が弟の面倒を見ている。
　① 共働き　　　② 両働き　　　③ 一働き　　　④ 片働き

3 駅前で困っている人に(　　　)を教えました。
　① 手続き　　　② 道順　　　　③ 順序　　　　④ 順番

3 다음 단어의 뜻과 가장 비슷한 단어를 고르세요.

1 野党と与党は、法案の通過(つうか)を巡って、ピンと拮抗した。
　① 対立　　　　② 和解　　　　③ 偏向　　　　④ 協議

2 問屋の仕事をしています。
　① 卸売業　　　② 小売業　　　③ 生産業　　　④ サービス業

3 彼の晩節は、寂しいものだった。
　① 若いころ　　② 青春　　　　③ 晩年　　　　④ 花盛り

DAY 08　어휘체크　고유어 명사 ③

141　綺麗事（きれいごと）
번지르르한 말
綺麗事ばかり言わないで。

142　やり繰り（やりくり）
변통
母は、僕の学費のやり繰りに苦労していた。

143　償い（つぐない）
보상, 속죄
食中毒事件の被害者たちに、償いとして500万円が支払わされた。
CHECK! 償う 보상하다, 속죄하다

144　本領（ほんりょう）
본래의 특성, 본분
この作家が本領を出しているのは、短編小説だ。

145　見分け（みわけ）
분별, 분간
あの二人はとても似ていて、遠くから見ると見分けがつかない。
CHECK! 区別 구별

146　見境（みさかい）
분별, 판별
まだ良し悪しの見境もつかない子供に、自分の価値観を押し付けるのはよくない。

147　累卵（るいらん）
불안정하고 위태로운 상태
会社は今、累卵の状態にあります。

148　不覚（ふかく）
불찰
私の不覚で、会社は大きな損失をしてしまった。

149	空き巣(あきす)	빈 둥지, 빈 집
		最近、空き巣(あきす)被害(たはつ)が多発しているんだってよ。気を付けてね。

150	負い目(おいめ)	빚, 부담감
		あの人には、負い目(おいめ)があります。
		CHECK! 借金 빚

151	間柄(あいだがら)	사람과 사람 사이의 관계, 혈족 관계
		私と彼は、遠い親戚の間柄(あいだがら)です。

152	買い溜め(かいだめ)	사재기
		ニュースが報道されてから、人々は食糧(しょくりょう)を大量に買い溜め(かいだめ)した。
		CHECK! 買い占め(かいしめ) 매점, 사재기

153	根回し(ねまわし)	사전 교섭
		今回の法案通過(つうか)に先立ち、政府の関係者に根回し(ねまわし)をした。

154	事柄(ことがら)	사항, 사정
		事柄(ことがら)によっては、政府側の協力も期待できる。
		CHECK! 物事(ものごと) 물건과 일, 사물

155	麓(ふもと)	산기슭
		山の麓(ふもと)に住んでいる。

156	生き甲斐(いきがい)	삶의 보람
		私は、誰かを助けることに生き甲斐(いきがい)を感じる。

157	賞味期限 しょうみきげん	상미기한(유통기한) 牛乳の賞味期限は短いので、気を付けた方がいい。
158	商戦 しょうせん	상업상의 경쟁 年末商戦はどの業界でも激しい。
159	思惑 おもわく	생각, 기대, 예상, 예측, 평판 私の小説に対する世間の思惑が気になる。 **CHECK!** 意図 의도・評判 평판
160	馴れ合い なあ	서로 짜고 침 馴れ合いの試合をしたのではないかという疑惑がある。

📝 문제유형 맛보기

問題4 次の言葉の使い方として最も良いものを、1・2・3・4から一つ選びなさい。

[1]　馴れ合い

1　ここでも馴れ合いしてきた。
2　馴れ合いで株式相場を操作した。
3　私は最近佐伯さんと馴れ合いできるようになった。
4　まだ会社に馴れ合いできていません。

1 다음 단어의 한자 표기와 발음을 연결하고 뜻을 써 보세요.

1 麓 ・　　　　　　・ ① しょうせん　　　[　　　　　]
2 商戦 ・　　　　　　・ ② ふもと　　　　　[　　　　　]
3 事柄 ・　　　　　　・ ③ おもわく　　　　[　　　　　]
4 思惑 ・　　　　　　・ ④ るいらん　　　　[　　　　　]
5 累卵 ・　　　　　　・ ⑤ ことがら　　　　[　　　　　]

2 다음 괄호 안에 들어갈 것으로 가장 어울리는 단어를 고르세요.

1 交通事故の(　　　)として、100万円をもらいました。
　① 合点　　　② 合意　　　③ 償い　　　④ 償う

2 生活費の(　　　)に困っている。
　① やり繰り　② 金詰まり　③ 金余り　④ 貯金

3 健太がケガしたのは、すべて私の(　　　)です。
　① 失態　　　② 失敗　　　③ 不慣れ　　④ 不覚

3 다음 단어의 뜻과 가장 비슷한 단어를 고르세요.

1 無計画な消費により、負い目に苦労している若者が増えている。
　① 負担　　　② 借金　　　③ 利子　　　④ 貯金

2 ウイルスの拡散により、人々はマスクを買い溜めしはじめた。
　① 買い占める　② 買わない　③ 寄付する　④ 分け合う

3 夜中だったので、誰が誰かは、見分けがつかなかったです。
　① 区別　　　② 区分　　　③ 区切り　　④ 認識

DAY 09　어휘체크　고유어 명사 ④

161 先手(せんて)
선수를 침
先手(せんて)を打つ。

162 大晦日(おおみそか)
섣달 그믐날, 12월 31일
大晦日(おおみそか)には、年越(としこ)しそばを食べながら年末番組を見る。

163 袂(たもと)
소매, 기슭
二人は、袂(たもと)を分かった。

164 仕業(しわざ)
소행
これは、彼の仕業(しわざ)に相違ない。

165 茶番(ちゃばん)
속이 빤히 보임
彼の謝罪は茶番(ちゃばん)で、真実性に欠けている。

166 金槌(かなづち)
쇠망치
金槌(かなづち)でくぎを打つ。

167 暇(ひま)つぶし
시간 때우기
映画まで時間が余ってしまったので、暇(ひま)つぶしに本屋に寄った。

168 機(き)
시기, 기회
機(き)に乗(じょう)じて逃走(とうそう)した。

169 端 (つま)

실마리, 단서

事件の端が見つかったようだ。

CHECK! 糸口・手掛かり 단서

170 過ち (あやま)

실수, 잘못

今からでも、過ちを正す必要がある。

CHECK! 誤り 오류, 잘못

171 苦渋 (くじゅう)

쓰고 떫음, 일이 잘 안되어 고민함

彼は、苦渋の表情を隠せなかった。

172 慣れっこ (な)

아주 익숙해져서 태연함

小学生の時から共働き(ともばたら)なんだから、一人で夕飯を食べることは慣れっこだよ。

173 霧 (きり)

안개

霧がひどく、飛行機が欠航しました。

174 腐心 (ふしん)

애태움

問題解決に腐心する。

175 糧 (かて)

양식

本は心の糧だ。

CHECK! 食糧(しょくりょう) 식량

176 了解 (りょうかい)

양해

先生の了解を得て、本日は学校を休みました。

177	無実 むじつ	억울함 私は無実なのに、誰も信じてくれない。
178	屁理屈 へりくつ	억지 이론, 억지 娘は、たまに屁理屈をこねるから大変だ。
179	掛け値 かね	에누리 掛け値は一切いたしません。
180	立ち往生 たおうじょう	오도 가도 못함 大雪のせいで、列車が立ち往生している。

문제유형 맛보기

問題1 ＿＿＿の言葉の読み方として最もよいものを、1・2・3・4から一つ選びなさい。

1　大晦日には大掃除をする。

1　だいみそか　　2　おおみそか　　3　だいかんび　　4　たいみそか

1 다음 단어의 한자 표기와 발음을 연결하고 뜻을 써 보세요.

1 先手 ・　　　　　・ ① あやまち　　　[　　　　　]
2 袂　・　　　　　・ ② せんて　　　　[　　　　　]
3 仕業 ・　　　　　・ ③ たもと　　　　[　　　　　]
4 茶番 ・　　　　　・ ④ しわざ　　　　[　　　　　]
5 過ち ・　　　　　・ ⑤ ちゃばん　　　[　　　　　]

2 다음 괄호 안에 들어갈 것으로 가장 어울리는 단어를 고르세요.

1 やられる前に(　　　)を打つ。
　① 先手　　　② 後手　　　③ 選手　　　④ 前手

2 こんなひどいこと、絶対あいつの(　　　)だ。
　① 仕業　　　② 仕方　　　③ 仕切り　　④ 仕入れ

3 本は心の(　　　)というから、本をいっぱい読むべきだよ。
　① 飯　　　　② 糧　　　　③ 餌　　　　④ 飼料

3 다음 단어의 뜻과 가장 비슷한 단어를 고르세요.

1 事件解決の<u>端</u>が見つかったようだ。
　① 使い道　　② やり方　　③ 方法　　　④ 糸口

2 彼は、自分を正当化するために<u>屁理屈</u>を言っている。
　① 論理　　　② 無茶　　　③ 理論　　　④ 理不尽

3 二人は辛かったが、<u>袂を分かつ</u>ことにした。
　① 別れる　　② 再開する　③ 仲直りする　④ 待ち合わせをする

DAY 10　어휘체크　고유어 명사 ④

181　襟（えり）
옷깃, 목덜미
襟を正す。

182　裾（すそ）
옷자락
お互いに何かを分け合うことを、「裾分け」と言います。

183　使途（しと）
(주로 돈의) 용도
使途不明のお金。
CHECK!　使い道 용도

184　絆（きずな）
인연
夫婦の絆は強い。

185　大入り（おおいり）
입장객이 많음
連休真ん中の週末だからか、今日の舞台はいつもより大入りだ。

186　白状（はくじょう）
자백
容疑者が白状した。

187　見通し（みとおし）
전망
今後も、AI産業の見通しはとてもいい。
CHECK!　見込み 전망, 장래성, 예상

188　得体（えたい）
정체
得体の知れない動物に襲われました。
CHECK!　正体 정체

189 極め付き
정평이 있음

彼は極め付きの演技で有名だ。

190 箇条書き
조목별로 작성함

レポートを書く前に、書きたいことを箇条書きで整理してみて。

191 金回り
주머니 형편

給料が上がったので、最近は金回りがいい。

192 門出
집을 떠남, 출발

留学に行く息子の門出を見送る。

193 思い付き
착상, 고안

いい思い付きがあれば、教えてくれ。

CHECK! アイデア 아이디어

194 骨頂
최상

そんなことをするなんて、愚かの骨頂だ。

195 白日
대낮, 결백함

僕には何の罪もありません。白日です。

196 生粋
토박이

私は、生粋の江戸っ子です。

197	端役(はやく)	하찮은 역할
		今は大俳優の彼だが、最初は本当につまらない端役(はやく)をしていたのだ。

198	頭打ち(あたまうち)	한계점
		生産量は頭打ち(あたまうち)になりました。
		CHECK! 限界 한계・頂点(ちょうてん) 정점

199	仕草(しぐさ)	행동, 몸짓, 표정
		付き合いが長かったからか、私と妻は仕草(しぐさ)も似ていると言われる。

200	徒労(とろう)	헛수고
		これまで頑張ってきたすべてが徒労(とろう)になった。

문제유형 맛보기

問題2 （　）に入れるのに最もよいものを、1・2・3・4から一つ選びなさい。

[1] （　）の知れない怒りが私を襲った。

1 正体　　　2 得体　　　3 身分　　　4 身元

1 다음 단어의 한자 표기와 발음을 연결하고 뜻을 써 보세요.

① 徒労 ・　　　　　・ ① とろう　　　　　[　　　　　]

② 白日 ・　　　　　・ ② こっちょう　　　[　　　　　]

③ 仕草 ・　　　　　・ ③ しぐさ　　　　　[　　　　　]

④ 骨頂 ・　　　　　・ ④ はくじつ　　　　[　　　　　]

⑤ 思い付き ・　　　・ ⑤ おもいつき　　　[　　　　　]

2 다음 괄호 안에 들어갈 것으로 가장 어울리는 단어를 고르세요.

① 娘の(　　　)を見送る。
　① 帰り　　② 帰宅　　③ 迎え　　④ 門出

② 愚かの(　　　)な考えだ。
　① 骨頂　　② 頂点　　③ 頂上　　④ 頭打ち

③ 復旧の(　　　)はない。
　① 見通し　② 見落とし　③ 見通じ　④ 見逃し

3 다음 단어의 뜻과 가장 비슷한 단어를 고르세요.

① いい<u>思い付き</u>があった。
　① 提案　　② 案件　　③ 注意　　④ アイデア

② 犯人が<u>白状</u>しました。
　① 告白する　② 嘘をつく　③ 通報する　④ 申告する

③ <u>得体</u>の知れない恐ろしさを感じた。
　① 区別　　② 正体　　③ 真相　　④ 情報

DAY 11　어휘체크　가타카나 명사 ①

201　アットホーム
가정적이고 편안한 모양
私は、アットホームな雰囲気の会社を作りたいです。
CHECK!　心地よい 마음이 편하다

202　スペース
공간
日本人のパーソナルスペースの幅は狭い方だ。
CHECK!　空間 공간

203　ブランク
공백, 공백기
ケガによるブランクがあったのにもかかわらず、彼は試合で目覚ましい活躍をした。

204　ナンセンス
넌센스
過去の話なんて、ナンセンスだよ。

205　ホームレス
노숙자
ホームレスを支援する団体で活動しています。

206　ノウハウ
노하우
私が業界で働きながら得たノウハウを、皆さんに分け合いたいと思います。

207　ニュアンス
뉘앙스
同じ意味の単語でも、少しずつニュアンスは違ったりする。

208　コントラスト
대조
冷たい色と暖かい色のコントラストがすごくいい。
CHECK!　対照 대조

| 209 | レイアウト | レ이아웃, 틀 |

ページのレイアウトを検討する。
CHECK! 枠(わく) 틀

| 210 | ロマンチック | 로맨틱 |

私は、ロマンチックな物語が好きです。

| 211 | リード | 리드 |

業界をリードする会社を作りたいと思います。

| 212 | リスク | 리스크 |

多少のリスクはあるだろうけど、進むしかない。
CHECK! デメリット 디메리트・危険性 위험성

| 213 | リストアップ | 리스트업, 목록을 만듦 |

外注をする会社をリストアップしてくれるかな。

| 214 | カートン | 마분지, 일정량을 담은 상자, 담배의 보루 |

タバコ1カートンを買いたいですが。

| 215 | メカニズム | 메커니즘, 구조 |

社会学部では、社会のメカニズムについて研究します。
CHECK! 構造 구조・仕組み 구조

| 216 | アポ | 면회의 예약 |

相談したいなら、アポを取ってから訪問してください。

217 モラル
모럴, 도덕
モラルに欠ける。
CHECK! 道徳 도덕・倫理 윤리

218 ウエイト
무게, 비중
私は、実験にウエイトを置いている。
CHECK! 重んじる 중시하다

219 シカト
무시
問い合わせしたのに、シカトされた。

220 バリアフリー
배리어 프리
日本のバスは、ほとんどがバリアフリーバスだ。

문제유형 맛보기

問題3 ＿＿＿の言葉に意味が最も近いものを、1・2・3・4から一つ選びなさい。

1 それは、リスクが高すぎる。

1 安全性　　2 危険性　　3 可能性　　4 メリット

1 다음 단어의 표기와 발음을 연결하고 뜻을 써 보세요.

1. レイアウト ・　　　・ ① しかと　　　　　[　　　　]
2. ロマンチック ・　　・ ② れいあうと　　　[　　　　]
3. リストアップ ・　　・ ③ ろまっちく　　　[　　　　]
4. カートン ・　　　　・ ④ りすとあっぷ　　[　　　　]
5. シカト ・　　　　　・ ⑤ かーとん　　　　[　　　　]

2 다음 괄호 안에 들어갈 것으로 가장 어울리는 단어를 고르세요.

1. 黒と白が(　　　)を成(な)す。
   ① コントラスト　② 調和　③ 調合　④ 合併

2. 微妙に違う言葉の(　　　)をつかむのが難しいです。
   ① メカニズム　② ノウハウ　③ 意味　④ ニュアンス

3. 駐車できる(　　　)があればいいのに。
   ① スペース　② スペック　③ 地帯　④ 地面

3 다음 단어의 쓰임이 가장 어울리는 것을 고르세요.

1. ホームレス
   ① 私は、ホームレスな雰囲気の会社がいい。
   ② 路上で生活する人のことをホームレスという。
   ③ ホームレスに列車が入ります。
   ④ ホームレスのようなサイトでも、お部屋探しはできる。

2. ブランク
   ① 彼の会社はブランクだそうだ。
   ② 私が好きな色はブランクです。
   ③ 毛布のことを英語ではブランクというらしい。
   ④ 2年間のブランクがありますね。その間は何をなさいましたか？

DAY 12　어휘체크　가타카나 명사 ②

221 バックアップ
　　　백업, 보조
　　　データのバックアップを行います。
　　　CHECK! フォロー 보조

222 ボイコット
　　　보이콧
　　　わいろ事件を起こした企業に対して、市民団体はボイコットを宣言した。

223 ブローカー
　　　브로커
　　　就職あっせんブローカーもあるらしいね。

224 レート
　　　비율
　　　為替(かわせ)レートは、毎日変動する。

225 ハウツー物(もの)
　　　실용서
　　　ハウツー物(もの)を読むのは、読書とは言えないよ。

226 エール
　　　성원
　　　国民の皆様のエールのおかげで優勝できたと思います。
　　　CHECK! 声援(せいえん) 성원・応援 응원

227 セレモニー
　　　세리머니
　　　その選手のセレモニーは独特だ。

228 センサー
　　　센서
　　　玄関の照明のセンサーが故障しているようだ。

229	ネタ	소재거리

ギャグのネタとして使えるものを探している。

230	ショック	쇼크

彼女の発言に、私はショックを受けた。

231	シェア	쉐어, 점유율

業界における我が社のシェアを広げる必要があります。

232	スケール	스케일, 저울

スケールの目盛(めも)りを合わせる。
CHECK! 秤(はかり) 저울

233	ストレート	스트레이트, 직설적

ストレートに言って、その論文は直すべきだ。

234	シック	시크함, 세련됨

シックなファッションだね。
CHECK! おしゃれだ 세련되다・垢(あか)ぬける 세련되다

235	アトリエ	아틀리에

アトリエで作業しているよ。

236	アリバイ	알리바이

容疑者(ようぎしゃ)のアリバイが証明された。

237	**オブラート**	오블라토, 얇은 막
		オブラートに包んで話す。
		CHECK! オブラートに包むは '완곡하게'라는 의미로 사용돼요.
238	**エゴ**	에고, 자아
		アーティストはエゴが強い。
239	**エコ**	에코, 친환경
		エコカーが最近人気だ。
240	**エレガント**	엘레강트, 우아함
		このパーティーの人、みんな何だかエレガントな服装をしているね。

문제유형 맛보기

問題4 次の言葉の使い方として最も良いものを、1・2・3・4から一つ選びなさい。

|1| エール

1　応援団は、選手たちに熱いエールを送った。
2　エールしないで。うるさいでしょう。
3　危ない時は、エールして！
4　誰かにエール来たことない？

1 다음 단어의 표기와 발음을 연결하고 뜻을 써 보세요.

1 レート　・　　　　　・ ① しぇあ　　　　　[　　　　]
2 ブローカー　・　　　・ ② ぶろーかー　　　[　　　　]
3 バックアップ　・　　・ ③ ばっくあっぷ　　[　　　　]
4 センサー　・　　　　・ ④ れーと　　　　　[　　　　]
5 シェア　・　　　　　・ ⑤ せんさー　　　　[　　　　]

2 다음 괄호 안에 들어갈 것으로 가장 어울리는 단어를 고르세요.

1 データの保存のためにも、随時(　　　)してください。
　① バックアップ　② フォロー　③ フロンアップ　④ バックグラウンド

2 市場での(　　　)を広げる必要がある。
　① シェア　② シェイプアップ　③ レート　④ センサー

3 タッチ(　　　)の敏感度を上げました。
　① 認識　② センサー　③ センス　④ デザイン

3 다음 단어의 쓰임이 가장 어울리는 것을 고르세요.

1 ストレート
　① 私は、ストレートに表現する性格です。
　② 嘘つかず、ストレートに話して。
　③ 疲れていたので、家に帰ってストレートに寝た。
　④ ストレートな気持ちを表している。

2 エレガント
　① コンビニでエレガント飲料を買った。
　② 環境にやさしい、エレガントライフを楽しんでいます。
　③ 選手たちに熱いエレガントを送りましょう。
　④ エレガントな言い方ですね。

DAY 13　어휘체크　가타카나 명사 ③

241　コツ　요령
仕事のコツをつかめば、簡単に終わるはずだよ。
CHECK!　要領（ようりょう） 요령

242　ウォームビズ　웜 비즈 (겨울철 난방 온도를 낮추고 복장 등으로 온도 조절을 하는 것)
今月から2月末まで、ウォームビズ期間です。
CHECK!　クールビズ 쿨 비즈
　　　　（여름철 냉방 온도를 높이고 복장 등으로 온도 조절을 하는 것）

243　インターン　인턴
夏休み中に、企業のインターンとして働きました。
CHECK!　インターンシップ 인턴십

244　インフレ　인플레이션
第1次世界大戦の後（あと）、ドイツでは激しいインフレが起きた。
CHECK!　デフレ 디플레이션

245　口コミ（くち）　입소문
最近、このラーメン屋、口コミ（くち）のおかげで商売が繁盛（はんじょう）しているよ。
CHECK!　評判 평판

246　ジャンル　장르
私は、SFジャンルの映画が大好きです。

247　ストック　저축, 비축, 자본
在庫のストックが底をつくまで、生産はストップします。

248　エキスパート　전문가
彼は経営のエキスパートだ。
CHECK!　玄人（くろうと） 전문가 ・ ベテラン 베테랑

249	カテゴリー	카테고리
		混在している仕事を、カテゴリー別に分けた。

250	カンニング	커닝
		カンニングが発覚したら、試験の点数は無効となります。

251	キャリア	커리어
		自分のキャリアが大事なので、結婚をしない女性が増えています。

252	コンパクト	컴팩트함, 소형
		私は、コンパクトなドライヤーが買いたい。

253	クレーマー	클레이머
		悪質クレーマーの対応に困っています。

254	ペーパードライバー	페이퍼 드라이버, 장롱면허
		免許があるといっても、ペーパードライバーです。

255	フォーム	폼, 양식
		申請フォームに、お客様の情報をご記入ください。
		CHECK! 様式(ようしき) 양식

256	プラシーボ	플라시보 효과
		プラシーボ効果というのは、薬などを飲んでいないのに、病気がよくなったと感じることです。

257	**フィッシング**	피싱
		最近、フィッシング詐欺が深刻化していますので、気を付けてください。
258	**ノルマ**	할당량
		営業部は、月ごとのノルマを達成する必要があります。
259	**ハッカー**	해커
		ハッカーによる攻撃に対応するために、データのバックアップには十分注意を払いましょう。
260	**ハードル**	허들, (심적인) 장애물
		この仕事は、初心者にはハードルが高い。

문제유형 맛보기

問題2　（　　）に入れるのに最もよいものを、1・2・3・4から一つ選びなさい。

1　今月の（　　）は達成できなかった。

1　フォーム　　2　ストック　　3　ノルマ　　4　レート

확인 문제

1 다음 단어의 표기와 발음을 연결하고 뜻을 써 보세요.

1. インフレ ・　　・ ① いんふれ　　[　　　　]
2. ジャンル ・　　・ ② すとっく　　[　　　　]
3. ストック ・　　・ ③ かんにんぐ　[　　　　]
4. カンニング ・　・ ④ ぷらしーぼ　[　　　　]
5. プラシーボ ・　・ ⑤ じゃんる　　[　　　　]

2 다음 괄호 안에 들어갈 것으로 가장 어울리는 단어를 고르세요.

1. この映画の(　　)は何ですか？
　① ジャンル―　② カテゴリー　③ フォーム　④ ストック

2. 為替(　　)の変動が激しい。
　① レート　② ストック　③ ノルマ　④ フォーム

3. 口(　　)で有名なったお店に行ってみました。
　① ジャンル　② クレーマー　③ コミ　④ ノルマ

3 다음 단어의 뜻과 가장 비슷한 단어를 고르세요.

1. <u>コンパクト</u>な傘を探しています。
　① 大型　② 中型　③ 小型　④ 利便性の高い

2. 経済の<u>エキスパート</u>とともに、現代の日本経済の問題点について話し合いましょう。
　① 玄人　② 素人　③ 初心者　④ 初歩

3. 今まで積んできた<u>キャリア</u>のことを考えると、簡単に転職はできない。
　① 学歴　② 経歴　③ 芸歴　④ 業歴

DAY 14 　어휘체크　가타카나 명사 ④

261 **オノマトペ**
의성어
「がらがら」、「けろけろ」などをオノマトペと言います。

262 **ガレージ**
차고
ガレージに車を駐車しておいた。

263 **キャッチフレーズ**
캐치 프레이즈
この銀行のキャッチフレーズは、「信用第一」だ。

264 **クールビズ**
쿨 비즈 (여름철 냉방 온도를 높이고 복장 등으로 온도 조절을 하는 것)
7月末から9月初旬まで、クールビズ期間です。
CHECK! ウォームビズ 웜 비즈
　　　　　(겨울철 난방 온도를 낮추고 복장 등으로 온도 조절을 하는 것)

265 **クレーム**
클레임, 불평, 불만
クレームが入った時の対応をしっかり身につけてください。
CHECK! 苦情 불평, 불만

266 **ゴージャス**
고저스, 우아함
室内の装飾もゴージャスですね。

267 **コネ**
커넥션, 낙하산, 연줄
あの人、コネ入社らしいよ。
CHECK! 天下り(あまくだり) 정부 고위 공무원의 은퇴 후 재취직

268 **サービスエリア**
휴게소
韓国のサービスエリアでは、いろんな食べ物が売れています。

269 サボタージュ
게을리함, 태업함

サボタージュは労働争議(そうぎ)の一つです。

CHECK! サボる 땡땡이치다

270 ジャーナリズム
저널리즘

ジャーナリズムの研究をしています。

271 シャンデリア
샹들리에

このホテルのシャンデリア、きれいだね！

272 ストライキ
파업

鉄道公社は、来週から1週間、ストライキをするそうだ。

CHECK! 罷業(ひぎょう)라고도 말해요.

273 ジレンマ
딜레마

ジレンマに陥(おちい)ってしまった。

274 スローガン
슬로건

選挙の時は、政党別にそれぞれ違うスローガンを掲げる。

275 センス
센스

あの子は、語学のセンスがある。

276 テナント
임차인, 세입자, 대여 점포

新しくできるショッピングモールで、テナントを募集している。

277	**デリケート**	델리케이트, 민감함
		お互いデリケートなところは、触れないように気を付けよう。
		CHECK! 敏感だ 민감하다
278	**キープ**	킵, 유지
		いい席をキープしておいたよ。
279	**スペースシャトル**	스페이스 셔틀, 우주선
		スペースシャトルに乗りたくて、宇宙科学を専攻しました。
280	**ドタキャン**	직전에 약속을 파기함
		ドタキャンされると腹が立つ。

문제유형 맛보기

問題3 ＿＿＿の言葉に意味が最も近いものを、1・2・3・4から一つ選びなさい。

1 デリケートな問題なので、できるだけ慎重に接したいと思います。

1 鋭敏な　　　2 敏感な　　　3 鈍い　　　4 鈍感な

1 다음 단어의 표기와 발음을 연결하고 뜻을 써 보세요.

1 ジレンマ ・　　　　　・ ① じれんま　　　[　　　　]

2 センス ・　　　　　・ ② すぺーすしゃとる　[　　　　]

3 スペースシャトル ・　　　　　・ ③ すとらいき　　[　　　　]

4 スローガン ・　　　　　・ ④ すろーがん　　[　　　　]

5 ストライキ ・　　　　　・ ⑤ せんす　　　　[　　　　]

2 다음 괄호 안에 들어갈 것으로 가장 어울리는 단어를 고르세요.

1 出かけたのに、約束時間10分前に(　　　)された。
　① ドタキャン　　② 取り消し　　③ 切り出し　　④ 打消し

2 今年7月から、うちの会社は(　　　)を行います。
　① サボタージュ　② コネ　　　③ ウォームビス　④ クールビス

3 あの人、(　　　)入社だというけど、意外と仕事ができるね。
　① 人脈　　　　② 天下り　　③ コネ　　　　④ コミュケーション

3 다음 단어의 뜻과 가장 비슷한 단어를 고르세요.

1 ストライキの影響で、社会が混乱する。
　① 閉店する　　② サボタージュ　③ 破業　　　④ 罷業

2 その話題はデリケートだから、やめようか。
　① 鋭敏　　　② 鈍化　　　③ 鈍感　　　④ 敏感

3 お客様からクレームが入りました。
　① 苦情　　　② 文句　　　③ 不評　　　④ 不平

DAY 15　어휘체크　동사 ①

281　曰く（いわく）
가로되, 가라사대
孔子曰く、過ちて改めざる、これを過ちという。

282　持ち込む（もちこむ）
가지고 들어오다
テストの際に持ち込んでいい物は、ペンだけです。

283　見落とす（みおとす）
간과하다, 못 보고 넘기다
何度も確認したのに、誤字を見落としてしまった。
CHECK!　見過ごす 간과하다, 놓치다

284　揃える（そろえる）
갖추다
勉強に必要なものは全部揃えた。
CHECK!　揃う 갖춰지다

285　率いる（ひきいる）
거느리다, 인솔하다
子どもを率いて見学するのは大変ですね。

286　跨る（またがる）
걸치다
大通りに跨る歩道橋を渡ったらうちだよ。

287　踏み切る（ふみきる）
결단하다, 단행하다
航空会社は値下げに踏み切った。

288　結び付ける（むすびつける）
결부시키다
何でも恋愛に結び付けるのはやめてくれない？

289	兼(か)ねる	겸하다 これは、ベッドとソファを兼(か)ねる家具です。
290	戒(いまし)める	경계하다, 훈계하다 気を緩めないよう戒(いまし)める。
291	企(たくら)む	(안 좋은 일을) 꾀하다 あの人がクーデターを企(たくら)んでいると聞いた。
292	尊(とうと)ぶ	공경하다, 존경하다 年長者を尊(とうと)ぶことは、大事です。
293	交(まじ)える	교차시키다, 주고받다 意見を交(まじ)える。 CHECK! 交(まじ)わす 교환하다
294	群(むら)がる	군집하다, 무리 짓다 大通りの前に、多くの人が群(むら)がっていた。 CHECK! 群(む)れ 무리, 군집
295	培(つちか)う	기르다, 배양하다 営業マンとしてのスキルを培(つちか)っていきましょう。
296	育(はぐく)む	기르다, 키우다 絵本は、子供の創造力を育(はぐく)むのに役立つ。 CHECK! 育成(いくせい) 육성・育(そだ)てる 기르다

297	悟(さと)る	깨닫다 過(あやま)ちを悟(さと)る。
298	言(い)い張(は)る	끝까지 버티다, 우겨 대다 山田(やまだ)さんは、自分が悪いのに、私が悪いと言(い)い張(は)っている。
299	老(ふ)ける	나이를 먹다 私も老(ふ)けたね。
300	見逃(みのが)す	놓치다, 눈감아주다 チャンスを見逃(みのが)してはいけない。

문제유형 맛보기

問題1 ＿＿＿の言葉の読み方として最もよいものを、1・2・3・4から一つ選びなさい。

1 この会議では、活発に意見を交えることをお勧めしています。

1　ましえる　　　2　まえる　　　3　まざえる　　　4　まじえる

1 다음 단어의 한자 표기와 발음을 연결하고 뜻을 써 보세요.

1. 群がる ・　　　　　・ ① そろえる　　　[　　　　　]
2. 育む　・　　　　　・ ② ひきいる　　　[　　　　　]
3. 培う　・　　　　　・ ③ つちかう　　　[　　　　　]
4. 率いる ・　　　　　・ ④ はぐくむ　　　[　　　　　]
5. 揃える ・　　　　　・ ⑤ むらがる　　　[　　　　　]

2 다음 괄호 안에 들어갈 것으로 가장 어울리는 단어를 고르세요.

1. 鶏がひよこを(　　　)。
   ① 育む　　② 抱く　　③ 抱える　　④ 育つ

2. 生徒たちを(　　　)遠足に行きます。
   ① 率いて　　② 卒いて　　③ 率きて　　④ 引導して

3. 基礎をしっかり身につけないと、実力を(　　　)。
   ① 培えない　　② 蓄えない　　③ 積めない　　④ 育めない

3 다음 단어의 뜻과 가장 비슷한 단어를 고르세요.

1. つい、駅名を見落としてしまった。
   ① 見逃れて　　② 見直して　　③ 見逃がして　　④ 見落ちて

2. 見逃したところがあったら教えてください。
   ① チェックした　　② 逃がした　　③ 確認した　　④ 見落とした

3. 散々悩んだが、その会社の投資に踏み切った。
   ① 決行された　　② 定まった　　③ 決断した　　④ 決まった

DAY 16　어휘체크　동사 ②

301 逸する
놓치다, 잃다, 빠뜨리다
常軌を逸した行為。

302 漏れる
누설되다, 새다
クーラーから水が漏れている。
CHECK!　漏洩 누설

303 漏らす
누설하다, 새게 하다
秘密を漏らす。

304 見据える
눈여겨보다, 응시하다
私は、彼女の顔を見据えた。

305 緩む
느슨해지다
緊張の糸が緩む。

306 老いる
늙다, 노쇠하다
老いていく祖母の姿を見て悲しい気持ちになった。
CHECK!　老ける 나이를 먹다

307 蘇る
다시 태어나다
もし蘇られるとしたら、何になりたい？
CHECK!　生まれ変わる 다시 태어나다

308 果たす
다하다
責任を果たす。

309 宥める
달래다
泣いている子供を宥めた。

310 逃れる
달아나다, 도망치다
主人公が悪党から逃れるシーンが印象的だった。
CHECK! 逃げる 도망치다

311 担う
담당하다
今回の会議で、私は発表を担うことになった。
CHECK! 担当する 담당하다

312 狼狽える
당황하다, 허둥대다, 갈팡질팡하다
上司は、今までしてきたパワハラがばれて、狼狽えていた。

313 面食らう
당황하다, 허둥대다
いきなり外国語で声をかけられて面食らってしまった。

314 もてなす
대접하다, 환대하다
日本では、客を丁寧にもてなす風習があります。
CHECK! おもてなし 접대, 환대

315 挑む
도전하다
何事も挑んでみることが大事だ。
CHECK! 挑戦する 도전하다

316 鈍る
둔해지다, 무뎌지다
ダイエットしようと決めたのに、甘いものを見ると決心が鈍る。

| 317 | 適う(かな) | 들어맞다, 적합하다 |
| | | あなたの行動は理屈(りくつ)に適(かな)っている。 |

| 318 | 長ける(た) | 뛰어나다, 원숙하다 |
| | | 彼は特に数学に長(た)けていて、学者並みである。 |

| 319 | 言(い)いそびれる | 말을 할 기회를 놓치다 |
| | | この前、言(い)いそびれたことだけど… |

320	滅びる(ほろ)	망하다, 쇠퇴하다
		ローマは、次第に滅(ほろ)びていった。
		CHECK! 滅亡する 멸망하다

문제유형 맛보기

問題４ 次の言葉の使い方として最も良いものを、１・２・３・４から一つ選びなさい。

1 見据える

1 彼は一人でじっくり映画を見据えていた。
2 私は、野球試合を見据えた。
3 彼女がどこかを見据えていた。
4 画面をずっと見据えていても、結果は変わらないよ。

1 다음 단어의 한자 표기와 발음을 연결하고 뜻을 써 보세요.

1 鈍る ・　　　　　　・ ① よみがえる　　　[　　　　　]
2 宥める ・　　　　　　・ ② になう　　　　　[　　　　　]
3 果たす ・　　　　　　・ ③ はたす　　　　　[　　　　　]
4 担う ・　　　　　　・ ④ なだめる　　　　[　　　　　]
5 蘇る ・　　　　　　・ ⑤ にぶる　　　　　[　　　　　]

2 다음 괄호 안에 들어갈 것으로 가장 어울리는 단어를 고르세요.

1 彼の能力は私たちの期待に(　　　)。
　① 叶っている　② 敵っている　③ 適っている　④ 満たしている

2 彼は嘘がばれて(　　　)。
　① 見据えていた　② 漏らしていた　③ 確信した　④ 狼狽えていた

3 いくら(　　　)すかしても聞き入れない。
　① 宥めても　② 補っても　③ 満たしても　④ 満ちても

3 다음 단어의 뜻과 가장 비슷한 단어를 고르세요.

1 客を<u>もてなす</u>ことは、本当に重要です。
　① 招く　② うれしくする　③ 歓迎する　④ 接待する

2 <ruby>守<rt>まもる</rt></ruby>くんは、私を見ては<u>狼狽え始めた</u>。
　① 迷い始めた　② 慌て始めた　③ 表し始めた　④ 落ち着き始めた

3 何事も<u>挑む</u>ことが大事だ。
　① 見直す　② やり直す　③ 拒む　④ チャレンジする

DAY 17　어휘체크　동사 ③

321　任す　　맡기다
会社は息子に任します。

322　免れる　　면하다, 피하다
幸いなことに、被害を免れることができた。

323　集う　　모이다, 회합하다
若人が全国から集う。
CHECK!　集まる 모이다

324　見過ごす　　못 본 체하다
彼女は僕を見過ごした。
CHECK!　見逃す 못 본 체하다

325　口走る　　무의식 중에 입 밖에 내다
うっかりと口走ってしまった。

326　埋める　　묻다, 빈 칸을 채우다
タイムカプセルを埋めた。
CHECK!　埋まる 묻히다, 채워지다

327　染みる　　물들다
デニムとシャツを一緒に洗ったら、シャツに色が染みてしまった。

328　繰り延べる　　미루다
返済予定を繰り延べる。

329 持ち出す
반출하다, 가지고 나오다
問題用紙を持ち出すことは禁じられています。
CHECK! 持ち込む 지참하다, 반입하다

330 踏み出す
발을 내딛다, 진출하다
皆さんはこれから、社会へ一歩踏み出すことになります。

331 踏み込む
발을 들여 놓다, 어떤 것에 뛰어들다
軽い気持ちで踏み込んではいけない。

332 阻む
방해하다, 저지하다
敵の攻撃を見事に阻んだ。

333 揉める
분쟁이 일어나다, 다투다
最近、友達と揉めることが多くなって、憂鬱だ。

334 歪む(ひずむ)
비뚤어지다, 뒤틀리다, 일그러지다
スピーカーが壊れたのかな？音が歪んで聞こえる。
CHECK! 歪む(ゆがむ) 비뚤어지다, 일그러지다

335 歪む(ゆがむ)
비뚤어지다, 일그러지다
痛みで顔が歪む。
CHECK! 歪む(ひずむ) 비뚤어지다, 일그러지다

336 仕入れる
사들이다, 매입하다
取引先で仕入れた商品の一部に不良があった。

337 差し控える

삼가다, 그만두다

健康のため、飲酒を差し控えています。

338 切り替える

새로 바꾸다

テレビ見ないなら、チャンネル切り替えてもいい？

339 競り合う

서로 다투다, 경쟁하다

ゴールの寸前で、選手たちがボールを競り合っていた。

340 欺く

속이다, 착각시키다

詐欺師は、身分を欺いて被害者に近づくことが多いです。

📝 **문제유형 맛보기**

問題1　＿＿＿の言葉の読み方として最もよいものを、1・2・3・4から一つ選びなさい。

|1|　図書館の書籍を、許可なしに持ち出してはいけません。

1　もちだしては　　2　もちたしては　　3　もちだしては　　4　もちでしては

1 다음 단어의 한자 표기와 발음을 연결하고 뜻을 써 보세요.

1 揉める ・　　　　　　　・ ① はばむ　　　　　[　　　　　]

2 埋める ・　　　　　　　・ ② うめる　　　　　[　　　　　]

3 染みる ・　　　　　　　・ ③ くちばしる　　　[　　　　　]

4 口走る ・　　　　　　　・ ④ もめる　　　　　[　　　　　]

5 阻む ・　　　　　　　・ ⑤ しみる　　　　　[　　　　　]

2 다음 괄호 안에 들어갈 것으로 가장 어울리는 단어를 고르세요.

1 チーム長にプロジェクトの期日を(　　　)もらえるか聞いてみます。
　① 繰り返して　　② 繰り延べて　　③ 練り上げて　　④ 繰り合わせて

2 問題の根本的な原因に(　　　)、きちんとした対策を立てる必要があります。
　① 踏み入れ　　② 踏み込み　　③ 踏み切り　　④ 踏み出し

3 もう1度聞いて、空欄を(　　　)ください。
　① 見出して　　② 満たして　　③ 埋まって　　④ 埋めて

3 다음 단어의 뜻과 가장 비슷한 단어를 고르세요.

1 ファンたちがコンサート会場に集い、コンサートを楽しんだ。
　① 集まり　　② 集め　　③ 回収し　　④ 解散し

2 あの人は口走ってしまうから秘密は聞かせられない。
　① 固まってしまう　② 口出しをしてしまう　③ 小言を言ってしまう　④ 口を滑らせる

3 新しい取引先から仕入れた商品が大人気だ。
　① 買い溜める　　② 買い占める　　③ 買い入れた　　④ 買い集める

DAY 18　어휘체크　동사 ④

341　損ねる
손상하다, 해치다
度を過ぎた配慮は、稀に相手の気を損ねることがある。

342　照れる
수줍어하다
好きだった先輩に告白されて、照れちゃった。
CHECK!　恥ずかしがる 부끄러워하다, 창피해하다

343　潤う
습기를 띠다, 윤택해지다
最近スキンケアを頑張ったら、肌が潤った。

344　試みる
시도해 보다
新技術を試みた。
CHECK!　試す 시험하다

345　申し出る
신청하다, 신고하다
期日内に検査を受けられない方は、予め申し出てください。

346　繰り上げる
앞당기다
諸事情により、イベントの期日が繰り上げられた。

347　弱まる
약해지다
やっと雨が弱まってきた。

348　見積もる
어림잡다, 견적하다
引っ越しの費用を見積もってもらえますか？

349	凝る(こる)	엉기다, 열중하다
		私は数学の問題を解くことに凝っていた。
350	垣間見る(かいまみる)	엿보다
		意外な一面を垣間見た気がする。
		CHECK! 覗く(のぞく) 엿보다
351	全うする(まっとうする)	완수하다
		責任を全うするように、頑張ります。
352	崇める(あがめる)	우러러 받들다, 숭상하다
		昔の人は、自然現象を神として崇めた。
353	委ねる(ゆだねる)	위임하다
		山本さんに全権限を委ねた。
		CHECK! 任せる 맡기다, 위임하다
354	甘える(あまえる)	응석부리다
		もう中学生だから、甘えないで。
		CHECK! 甘やかす 응석을 받아주다
355	遂げる(とげる)	이루다, 성취하다
		浮沈(ふちん)もあったが、代表チームは優勝を遂げた。
356	熟す(じゅくす)	익다, 무르익다
		りんごが熟した。

357	耐える	인내하다, 견디다
		暑さに耐えるために、昔から人はいろんな工夫をしてきました。
358	切り上げる	일단락짓다
		今日は、この辺で切り上げて、上がろうか。
359	臨む	임하다
		真面目な態度で仕事に臨みます。
360	誇る	자랑하다
		彼は、日本が誇る研究者です。

문제유형 맛보기

問題2　(　　　)に入れるのに最もよいものを、1・2・3・4から一つ選びなさい。

<u>1</u>　子供が親に(　　　)。

1　甘やかしていた　　2　甘えていた　　3　ちやほやしていた　　4　叱っていた

1 다음 단어의 한자 표기와 발음을 연결하고 뜻을 써 보세요.

① 垣間見る ・　　　・ ① かいまみる　　[　　　　　]

② 凝る ・　　　　　・ ② こる　　　　　[　　　　　]

③ 弱まる ・　　　　・ ③ よわまる　　　[　　　　　]

④ 繰り上げる ・　　・ ④ くりあげる　　[　　　　　]

⑤ 熟す ・　　　　　・ ⑤ じゅくす　　　[　　　　　]

2 다음 괄호 안에 들어갈 것으로 가장 어울리는 단어를 고르세요.

① 最初はケガしたところが痛かったが、徐々に痛みは(　　　)。

　① 弱まった　　② 強まった　　③ 弱めた　　④ 強めた

② 任務を(　　　)。

　① 完成しました　② 完璧しました　③ 完結しました　④ 全うしました

③ たまには大人でも、親に(　　　)時があるよね。

　① しゃれたい　② ちやほやしたい　③ 甘えたい　④ 甘やかしたい

3 다음 단어의 쓰임이 가장 어울리는 것을 고르세요.

① 埋める

　① 分からないことがあれば、いつでも私に埋めて。
　② 苗木を庭に埋めた。
　③ 古本を埋めに古本屋に行った。
　④ 空欄を埋めてください。

② 切り上げる

　① 色紙を切り上げた。
　② クーポン券を切り上げた。
　③ いいタイミングで仕事を切り上げた。
　④ クーラーの電源を切り上げた。

DAY 19　어휘체크　동사 ⑤

361　思い上がる　잘난 체하다
ちょっと成績が良かったくらいで、思い上がらないで。
CHECK! 己惚れる 자부하다, 자만하다

362　潜む　잠복하다
忍者は、潜んで敵を待った。

363　潜る　잠수하다
私は、長く潜ることができる。

364　切り換える　전환하다
憂鬱でも、気持ちを早く切り換えなきゃ。

365　整える　정돈하다
緊張した時は、呼吸を整えてみて。

366　申し入れる　제의하다, 제기하다
記者会見を申し入れた。

367　牛耳る　좌지우지하다
彼はいつの間にか、国会を牛耳る人物になった。

368　誂える　주문하다, 맞추다
姉の結婚式に先立ち、背広を誂えた。

369	仕立てる	준비하다, 마련하다, 양성하다
		弟子を一人前に仕立てる。
370	担ぐ	짊어지다, 메다
		彼女は、多くの荷物を担いで歩いていた。
371	絞る	짜다, 범위를 좁히다
		もっと、範囲を絞った方が、研究しやすいと思うよ。
372	冷やかす	차게 하다, 식히다, 희롱하다
		夫婦の仲がいいのを冷やかした。
373	思い知る	통감하다
		人生の辛さを思い知った。
374	見極める	판별하다, 가리다
		人の本質を見極める必要がある。
375	愚痴る	푸념하다
		友だちだと言っても、いつも愚痴るばかりじゃ、仲が悪くなる。
		CHECK! 文句を言う 불평하다
376	敵う	필적하다
		彼に敵うほどの実力者はいない。

377	待ちかねる	학수고대하다 この日が来るのを、待ちかねていた。
378	振る舞う	행동하다 人に礼儀正しく振る舞って。
379	赴く	향하여 가다 私は、西へ赴く。
380	見定める	확정하다, 확인하다, 지켜보다 真意のほどを見定める。 **CHECK!** 確定する 확정하다

문제유형 맛보기

問題3 ＿＿＿の言葉に意味が最も近いものを、1・2・3・4から一つ選びなさい。

1　最近、友達がいつも<u>愚痴って</u>ばかりいて、ちょっと疲れる。

1　吐露して　　　2　文句を言って　　　3　苦情を言って　　　4　クレームを言って

1 다음 단어의 한자 표기와 발음을 연결하고 뜻을 써 보세요.

1. 見極める ・　　　　・ ① あつらえる　　　[　　　　]
2. 思い知る ・　　　　・ ② かなう　　　　　[　　　　]
3. 敵う ・　　　　　　・ ③ みきわめる　　　[　　　　]
4. 誂える ・　　　　　・ ④ ととのえる　　　[　　　　]
5. 整える ・　　　　　・ ⑤ おもいしる　　　[　　　　]

2 다음 괄호 안에 들어갈 것으로 가장 어울리는 단어를 고르세요.

1. 親になってはじめて、親の辛さを(　　　)。
　① 思った　　② 思い知った　　③ 考えた　　④ 考え始めた

2. 娘の高校入学に先立ち、制服を(　　　)に行った。
　① 誂え　　② 売り　　③ 仕入れ　　④ 卸売り

3. 弟の病気も、どんどん快方(かいほう)に(　　　)。
　① 寄せた　　② 寄り添った　　③ 赴いた　　④ 行った

3 다음 단어의 쓰임이 가장 어울리는 것을 고르세요.

1. 思い上がる
　① なんかいいことでも思い上がった？
　② しっかり思い上がってみて。
　③ 前田さん、ちょっと思い上がるところがあっていやだ。
　④ 加奈ちゃん、何を思い上がっているの？

2. 絞る
　① 様々な問題について話すより、一つに絞った方が話しやすいと思います。
　② そのりんご、ちょっとこまめに絞ってくれる？
　③ 私は、バスで学校に絞っている。
　④ 母に絞ったって、お小遣いはアップしないよ。

DAY 20　　어휘체크　　형용사 ①

381　弱々しい　　가냘프다, 연약하다
あの子は、弱々しくて今にも倒れそうだ。

382　煙たい　　거북하다, 어렵다
浅田さんとはちょっと煙たい関係だ。
CHECK!　気まずい 서먹서먹하다, 거북하다・연기로 매캐하다는 의미도 있어요.

383　古めかしい　　고풍스럽다
とても古めかしい邸宅ですね。

384　恭しい　　공손하다, 정중하다
店の人は、恭しい態度で対応していた。

385　手厚い　　극진하다, 융성하다
外国からの貴賓に、手厚いおもてなしをする。

386　待ち遠しい　　기다려지다
高校に入学する日が待ち遠しい。

387　厭わしい　　꺼림칙하다, 번거롭다, 싫다, 귀찮다
最近、雨の日ばかりで厭わしいね。

388　儚い　　덧없다
人生がどれほど儚いかをよく描いた名作映画だ。
CHECK!　虚しい 허무하다

389	情(なさ)け深(ぶか)い	동정심이 많다 由紀(ゆき)は情(なさ)け深(ぶか)い性格である。
390	心細(こころぼそ)い	마음이 허전하다 年末に家族と過ごせないのは、結構心細(こころぼそ)い。
391	決(き)まり悪(わる)い	머쓱하다 友だちだと思って声をかけたら、知らない人で決(き)まり悪(わる)い。
392	潔(いさぎよ)い	미련 없이 깨끗하다, 결백하다 彼は潔(いさぎよ)く自分の過(あやま)ちを認めた。
393	生(なま)ぬるい	미적지근하다 彼女の生(なま)ぬるい態度に、私はいらいらしていた。
394	見苦(みぐる)しい	보기 흉하다 負けたのを認めないほど見苦(みぐる)しい態度はないです。 CHECK! 醜(みにく)い 보기 흉하다
395	忌(い)まわしい	불길하다, 꺼림칙하다 お皿が割れたのは、忌(い)まわしい兆(きざ)しなのではないか?
396	人懐(ひとなつ)こい	붙임성이 있다 うちの犬は人懐(ひとなつ)こくて、人が来るとすぐ抱きつく。

397	類^{たぐ}いない	비길 데가 없다
		文化財のうち、価値が高く、類^{たぐ}いない国民の宝^{たから}たるものを国宝^{こくほう}に指定します。
398	生臭^{なまぐさ}い	비린내가 나다
		魚を触ったので、手が生臭^{なまぐさ}くなった。
399	卑^{いや}しい	비열하다
		弱点を握って脅^{おど}かすなんて、卑^{いや}しい行動だ。
400	人恋^{ひとこい}しい	사람이 그립다
		山奥^{やまおく}に住んでいると、人恋^{ひとこい}しくなる。

문제유형 맛보기

問題４ 次の言葉の使い方として最も良いものを、１・２・３・４から一つ選びなさい。

[1] 古めかしい

1 父は、古めかしいところがあって、すぐ怒ってしまう。
2 この家も古めかしくなったので、改築しなければならない。
3 このサバの味噌煮、古めかしくない？もう捨てれば？
4 とても古めかしいインテリアですね。素敵だわ。

1 다음 단어의 한자 표기와 발음을 연결하고 뜻을 써 보세요.

1 恭しい ・　　　　　・ ① うやうやしい　　[　　　　　]
2 厭わしい ・　　　　・ ② はかない　　　　[　　　　　]
3 忌まわしい ・　　　・ ③ いとわしい　　　[　　　　　]
4 儚い ・　　　　　・ ④ いさぎよい　　　[　　　　　]
5 潔い ・　　　　　・ ⑤ いまわしい　　　[　　　　　]

2 다음 괄호 안에 들어갈 것으로 가장 어울리는 단어를 고르세요.

1 外国に長く住んでいると、文化の違いなどでたまに(　　　)気分になることがある。
　① 古めかしい　　② 心細い　　③ 厭わしい　　④ 忌まわしい

2 (　　　)謝る彼女の素直さに感心した。
　① 儚く　　② 潔く　　③ 恭しく　　④ 煙たく

3 (　　　)手で勝っても、嬉しくない。
　① 煙たい　　② 生臭い　　③ 卑しい　　④ 類いない

3 다음 단어의 뜻과 가장 비슷한 단어를 고르세요.

1 あの人は小言ばかり言うので<u>煙たい</u>。
　① 気まずい　　② 気さくだ　　③ 自然だ　　④ 元通りだ

2 百合(ゆり)ちゃんは、人見知りもしなくて<u>人懐こい</u>性格で人気がある。
　① 愛想悪い　　② 社交的じゃない　　③ 内気な　　④ 親しみやすい

3 東京旅行に行く日が<u>待ち遠しくて</u>眠れない。
　① 待ちそびれて　　② 待ちきれなくて　　③ 待てて　　④ 待ち合わせたくて

DAY 21　어휘체크　형용사 ②

401　愛おしい
사랑스럽다
彼は、自分の恋人を愛おしい視線で見ていた。

402　恩着せがましい
생색내다
1回おごったくらいで、彼は恩着せがましく振る舞っている。

403　生々しい
생생하다
今でも、あのコンサートのことは生々しく覚えている。

404　息苦しい
숨막히다, 답답하다
真夏の日本は、息苦しいほど暑い。
CHECK!　窮屈だ 답답하다

405　暑苦しい
숨막힐 듯 덥다
今年の夏は、本当に暑苦しいくらいだ。

406　容易い
쉽다, 용이하다
いとも容易く解決した。
CHECK!　楽だ 편하다

407　水臭い
싱겁다, 서먹서먹하게 굴다
どうしてそんなに水臭いことを言うの？

408　物足りない
아쉽다, 부족하다
ご飯とデザートまで食べたのに、なんだか物足りない。

409 切ない
애달프다, 안타깝다

『ロミオとジュリエット』は、切ない恋人同士の物語です。

410 堅苦しい
엄격하다, 거북하다

私は、堅苦しい雰囲気が大嫌いです。

411 久しい
오랜만이다

久しく友達に会ったが、全く何も変わっていなかった。

CHECK! 久しぶり 오랜만

412 名高い
유명하다

あの子は、近所で頭がいいことで名高い。

413 疑わしい
의심스럽다

弟は、何かを隠してでもいるのか、疑わしい振る舞いをしている。

414 訝しい
의아스럽다, 의심스럽다

犯人が誰かはまだ分からないけど、彼の仕草が訝しいね。

415 素早い
재빠르다

あのコンビニの店員さんは、優しいばかりでなく、素早く対応してくれるのでとてもいい。

416 遠慮深い
조심스럽다

彼女は、遠慮深い性格で、とても優しい。

417 情けない
한심하다

この雨の中、傘も財布も忘れたなんて、自分が情けない！

418 馴れ馴れしい
허물없다

私たちは幼なじみで、とても馴れ馴れしい関係だ。

419 紛らわしい
헷갈리기 쉽다

一人でできるのに、隣で父が口を出すから、
むしろ紛らわしい。

420 著しい
현저하다

このグラフを見ると、人口減少が著しく見える。

문제유형 맛보기

問題1　＿＿＿の言葉の読み方として最もよいものを、1・2・3・4から一つ選びなさい。

[1]　あの人は、誰にでも馴れ馴れしい態度を取っている。

1　だれだれしい　　2　ならならしい　　3　なれなれしい　　4　だらだらしい

1 다음 단어의 한자 표기와 발음을 연결하고 뜻을 써 보세요.

1 名高い ・　　　　　　・ ① なだかい　　　　　[　　　　　]

2 久しい ・　　　　　　・ ② かたくるしい　　　[　　　　　]

3 堅苦しい ・　　　　　・ ③ ひさしい　　　　　[　　　　　]

4 訝しい ・　　　　　　・ ④ たやすい　　　　　[　　　　　]

5 容易い ・　　　　　　・ ⑤ いぶかしい　　　　[　　　　　]

2 다음 괄호 안에 들어갈 것으로 가장 어울리는 단어를 고르세요.

1 満員電車は、いつも(　　　)。
　① 心地よい　　② 呼吸しやすい　　③ 息しやすい　　④ 息苦しい

2 菓子パン一つおごったくらいで、(　　　)しないで。あり得ない。
　① 恩着せがましく　② 優しく　③ 息苦しく　④ 水臭く

3 宿題を忘れてきた上に、携帯電話もなくすなんて！本当に自分が(　　　)。
　① 情け深い　　② 偉い　　③ 情けない　　④ 恭しい

3 다음 단어의 뜻과 가장 비슷한 단어를 고르세요.

1 満員のエレベーターは息苦しい。
　① 安心する　　② 窮屈だ　　③ 閑静だ　　④ 安静だ

2 後で話して。紛らわしいじゃない。
　① 明快だ　② 頭の中が片付く　③ はっきりする　④ 混乱する

3 会いたいのに、もう会えないなんて、とても切ない内容だね。
　① 悲しい　　② 幸せな　　③ 楽しそうな　　④ 面白そうな

DAY 22　어휘체크　형용사 ③

421 甘美（かんび）だ
감미롭다
彼女の歌声は本当に甘美だ。

422 窮屈（きゅうくつ）だ
갑갑하다
このシャツ、きつすぎて窮屈だ。

423 頑健（がんけん）だ
강건하다
生まれた時は弱々しかった息子だが、どんどん頑健になった。

424 潔白（けっぱく）だ
결백하다
私は泥棒じゃない。潔白だ。

425 生真面目（きまじめ）だ
고지식하다
夫は、ちょっと生真面目なところがある。

426 空虚（くうきょ）だ
공허하다
空虚な議論を繰り返す。
CHECK! 虚（むな）しい 허무하다

427 過疎（かそ）だ
과소하다
地方では人口が過疎化して、都市との差が激しくなっている。
CHECK! 過密（かみつ）だ 과밀하다

428 巧妙（こうみょう）だ
교묘하다
彼は、巧妙な話術で、有権者たちをごまかした。

429	億劫だ（おっくう）	귀찮다
		運動するのが億劫で、ジムをサボりました。
		CHECK! 面倒だ 귀찮다

430	奇抜だ（きばつ）	기발하다
		彼の奇抜なアイデアに、みんな感心した。

431	緩やかだ（ゆる）	느릿하다, 느슨하다
		緩やかに結んだリボン。

432	多感だ（たかん）	다감하다
		彩芽ちゃんは多感な子で、すぐ感動する。

433	多様だ（たよう）	다양하다
		世界には多様な人がいる。

434	短気だ（たんき）	다혈질이다
		彼は短気なところがあって、すぐ怒ってしまう。

435	淑やかだ（しと）	단아하다
		武田さん家の娘さんは、とても淑やかな人よ。

436	大胆だ（だいたん）	대담하다
		最近は、大胆な女性が増えています。

437	**大雑把だ** □□□	대범하다, 대충대충하다, 조잡하다 大雑把な仕事をしてはいけません。 **CHECK!** 大まかだ 대범하다, 대충대충하다
438	**大まかだ** □□□	대범하다, 대충대충하다 大まかな話の流れは分かりました。
439	**疎らだ** □□□	드문드문하다 劇場は、疎らな拍手しか聞こえなかった。
440	**莫大だ** □□□	막대하다 毎年、莫大なゴミが海へ流れていく。

✏️ 문제유형 맛보기

問題2　（　　　）に入れるのに最もよいものを、1・2・3・4から一つ選びなさい。

[1]　円滑な輸出のため、政府は規制を（　　　）すると言った。

1　なだらかに　　　2　緩やかに　　　3　しっかり　　　4　きつく

1 다음 단어의 한자 표기와 발음을 연결하고 뜻을 써 보세요.

1	奇抜だ　・	・① たかんだ	[　　　　　]
2	多様だ　・	・② きばつだ	[　　　　　]
3	多感だ　・	・③ たようだ	[　　　　　]
4	緩やかだ　・	・④ ゆるやかだ	[　　　　　]
5	億劫だ　・	・⑤ おっくうだ	[　　　　　]

2 다음 괄호 안에 들어갈 것으로 가장 어울리는 단어를 고르세요.

1 どうして人は睡眠を取るべきかについては、(　　　)意見が出ている。
　① 多様な　　② 大雑把な　　③ 少ない　　④ 数少ない

2 彼の歌声はとても(　　　)で、女性に人気がある。
　① 緩やか　　② 空虚　　③ 窮屈　　④ 甘美

3 父は(　　　)人で、たまには話が通じない。
　① 緩やかな　　② 淑やかな　　③ 生真面目な　　④ 優しい

3 다음 단어의 뜻과 가장 비슷한 단어를 고르세요.

1 歳を取っても頑健な体を持つ彼は、今も旺盛に活動をしている。
　① すっとした　　② なよなよな　　③ 弱々しい　　④ 逞しい

2 大まかに言うと、彼女と彼が付き合うってことよ。
　① 簡単に　　② 複雑に　　③ 詳しく　　④ 詳細に

3 莫大な予算が使われたが、なかなか結果が出ない。
　① 適度の　　② 少ない金額の　　③ 多くの　　④ ほどほどの

DAY 23　어휘체크　형용사 ④

441 無口だ (むくち)
말이 없다
父は無口な人だ。

442 猛烈だ (もうれつ)
맹렬하다
あの選手は、1位の後ろを猛烈に追いついていた。

443 裏腹だ (うらはら)
모순되다, 앞뒤가 다르다
返事とは裏腹に、戸惑ってしまう自分がいる。

444 敏感だ (びんかん)
민감하다, 예민하다
私はファッションに敏感だ。

445 煩雑だ (はんざつ)
번잡하다
煩雑な都会から離れて、田舎で休みたい。

446 疎かだ (おろそ)
부주의하다
彼は健康を疎かにしたことを悔やんでいた。

447 不可欠だ (ふかけつ)
불가결하다 (빠뜨릴 수 없다)
人間が生きていく上で水は不可欠だ。

448 不機嫌だ (ふきげん)
불쾌하다, 기분이 좋지 않다
彼は、不機嫌な顔を隠しもしなかった。

449	不快(ふかい)だ	불쾌하다 彼の無礼な態度に不快な思いをした。
450	理不尽(りふじん)だ	불합리하다 社会には、いろいろ理不尽なことが多いよ。
451	頻繁(ひんぱん)だ	빈번하다 ここは道が複雑なため、交通事故が頻繁に起きる。 CHECK! しょっちゅう 자주
452	貧弱(ひんじゃく)だ	빈약하다 ここは教育環境が整っておらず、設備が貧弱だ。
453	速(すみ)やかだ	빠르다, 신속하다, 조속하다 速やかに処理します。 CHECK! 迅速(じんそく)だ 신속하다
454	些末(さまつ)だ	사소하다, 중요하지 않다 その案件は、そこまで些末じゃない。 CHECK! 些細(ささい)だ 사소하다
455	鮮(あざ)やかだ	선명하다 私は今も、昔の記憶を鮮やかに覚えている。
456	手軽(てがる)だ	손쉽다, 간단하다 手軽に手に入った。

457	無邪気だ むじゃき	순수하다 無邪気に笑っている子供の顔を見ると、心まで癒される。
458	迅速だ じんそく	신속하다 店員の迅速な対応のおかげで、被害は大きくなかった。
459	甚大だ じんだい	심대하다(매우 크다) この町は、今回の台風により甚大な被害を受けた。 **CHECK!** 絶大だ 매우 크다・甚だしい 정도가 심하다
460	大げさだ おお	어마어마하다, 허풍치다 彼女は大げさなことばかり言っている。

문제유형 맛보기

問題3 ＿＿＿の言葉に意味が最も近いものを、1・2・3・4から一つ選びなさい。

[1] 些末なことで怒らないでよ。

1　人体な　　　2　大した　　　3　些細な　　　4　クレーム

1 다음 단어의 한자 표기와 발음을 연결하고 뜻을 써 보세요.

1 疎かだ ・　　　　　・ ① おろそかだ　　　[　　　　　]
2 不機嫌だ ・　　　　・ ② あざやかだ　　　[　　　　　]
3 理不尽だ ・　　　　・ ③ ふきげんだ　　　[　　　　　]
4 鮮やかだ ・　　　　・ ④ りふじんだ　　　[　　　　　]
5 貧弱だ ・　　　　　・ ⑤ ひんじゃくだ　　[　　　　　]

2 다음 괄호 안에 들어갈 것으로 가장 어울리는 단어를 고르세요.

1 母は、私の留学を(　　　)に反対した。
　① ある程度　　② そこそこ　　③ 猛烈に　　④ 弱々しく

2 弟は慎重な性格で、あまり話さない、(　　　)な人だ。
　① おしゃべり　② 話し上手　　③ 口が軽い　④ 無口

3 (　　　)だった子供時代に戻りたい。
　① 無邪気　　　② 邪気　　　　③ 裏腹　　　④ 淑やか

3 다음 단어의 뜻과 가장 비슷한 단어를 고르세요.

1 最近、私と夫は<u>頻繁</u>にケンカをしている。
　① たまに　　　② しょっちゅう　③ 稀に　　　④ 珍しく

2 渋谷はいつも<u>煩雑</u>だ。
　① 閑静(かんせい)だ　② 賑(にぎ)やかだ　③ さっぱりした　④ すっきりした

3 そんな命令は<u>理不尽</u>です。
　① 不当です　② まさにその通りです　③ 合理的です　④ 不慣れです

DAY 24　어휘체크　형용사 ⑤

461　空ろだ
얼빠지다, 속이 텅 비다
彼はあまりにも驚いたせいで、空ろな顔をしている。

462　蔑ろだ
업신여기다
人種や財産などを理由に、人を蔑ろにしてはいけません。
CHECK!　見下す 내려다보다

463　頑固だ
완고하다
頑固な祖父さえ、私たちの結婚を祝福してくれた。

464　婉曲だ
완곡하다
日本人は、婉曲に断ることが多いです。
CHECK!　ストレートだ 직접적이다, 직설적이다

465　緩慢だ
완만하다
緩慢な丘を登ると、銀行が見えるはずです。
CHECK!　なだらかだ 완만하다

466　旺盛だ
왕성하다
彼女は、90歳になった今も現役で旺盛に活躍している。
CHECK!　活発だ 활발하다

467　円満だ
원만하다
円満な雰囲気で会議は進んだ。

468　物好きだ
유별난(특별한, 신기한) 것을 좋아한다
あなたって物好きだからね。

469 頑迷だ（がんめい）　　융통성이 없다
頑迷な店員に引っかかって、厄介だった。

470 密かだ（ひそ）　　은밀하다
彼女は密かに、私たちにささやいた。

471 不義理だ（ふぎり）　　의리에 벗어나다
そんなことをするなんて、それは不義理です。

472 薄弱だ（はくじゃく）　　의지가 약하다
すぐ諦めたがるのは、薄弱だからです。

473 手薄だ（てうす）　　일손이 적다
強盗は、警備が手薄になる時間帯に、
銀行へ潜り込んできた。
CHECK!　人手が足りない 일손이 부족하다

474 巧みだ（たく）　　정교하다
このプラモデルは巧みに組み立てられていて、
まるで本物のようだ。

475 丹念だ（たんねん）　　정성 들이다, 공들이다
資料の一枚一枚を、丹念にチェックした。
CHECK!　念入りに 공들여

476 懇ろだ（ねんご）　　정중하다, 공들이다
母は、私が入院している間、懇ろに看病してくれた。
CHECK!　丁寧だ 정중하다

477	几帳面だ <small>きちょうめん</small>	착실하고 꼼꼼하다 彼女は几帳面で努力家だと思う。 <small>きちょうめん</small>
478	空疎だ <small>くうそ</small>	허술하다, 공허하다 空疎な論争はやめましょう。 <small>くうそ</small>
479	微かだ <small>かす</small>	희미하다, 미미하다 微かに花の香りがする。 <small>かす</small>
480	屈強だ <small>くっきょう</small>	힘이 세다, 억세다 彼は屈強な人だ。 <small>くっきょう</small>

문제유형 맛보기

問題4 次の言葉の使い方として最も良いものを、1・2・3・4から一つ選びなさい。

1　丹念だ

1　これで十分なのか丹念に考えてみて。
2　娘は、丹念にバレンタインデーのチョコレートを作っている。
3　母は、丹念に眠っていた。
4　弟は、丹念に閉まっていたドアを開けた。

1 다음 단어의 한자 표기와 발음을 연결하고 뜻을 써 보세요.

1 空疎だ ・　　　　・ ① かすかだ　　　[　　　　]
2 懇ろだ ・　　　　・ ② ねんごろだ　　[　　　　]
3 微かだ ・　　　　・ ③ くうそだ　　　[　　　　]
4 巧みだ ・　　　　・ ④ たくみだ　　　[　　　　]
5 丹念だ ・　　　　・ ⑤ たんねんだ　　[　　　　]

2 다음 괄호 안에 들어갈 것으로 가장 어울리는 단어를 고르세요.

1 この時計は、スイスの時計職人が(　　)作った高級品だ。
　① 拙劣に　　② 稚拙に　　③ 巧妙に　　④ 巧みに

2 彼女はとても(　　)で、会社のみんなから信頼されている。
　① 巧み　　② 頑迷　　③ 不義理　　④ 几帳面

3 父はとても(　　)人ではあるが、私のことをいっぱい愛してくれた。
　① 無邪気な　　② 屈強な　　③ 理不尽な　　④ 屈託のない

3 다음 단어의 뜻과 가장 비슷한 단어를 고르세요.

1 売り上げが<u>緩慢</u>な横這い状態が続いている。
　① 急な　　② なだらかな　　③ 激しい　　④ 急激に

2 彼女は、病気を克服してからまた<u>旺盛</u>に活動をしている。
　① 活気に　　② 活発に　　③ 積極的に　　④ 消極的に

3 <u>円満</u>な結論が出せるように、頑張ります。
　① スムーズな　　② 激しい　　③ 腑に落ちない　　④ まともな

DAY 25 　어휘체크　접속사, 부사, 기타표현 ①

481 危うく

가까스로, 겨우

危うく目的地についた。

482 努めて

가능한 한, 애써

病気で苦しみながらも、娘は努めて明るい顔をしようとしている。

483 軽々に

가뿐하게

N1、意外と軽々に合格しました。

484 殊に

특히

この冬は、殊に寒かった。

485 押して

굳이, 강제로, 무리하게

反対の世論が多かったのに、政府は押して法案の通過を実行した。

486 故に

고로, 따라서

我思う。故に我あり。

487 公然

공공연함

それは公然の秘密である。

488 うまいこと

교묘하게, 감쪽같이

これまではうまいこと隠せただろうけど、もう無理だから。

489	**敢えて**	굳이
		敢えて、そんなひどいこと言う必要はないじゃん。
490	**〜圏**	〜권
		サービス利用圏外です。
491	**道理で**	그 때문에, 어쩐지, 그도 그럴 테지
		アメリカの大学を通ってたんですね！道理で英語が上手なのですね。
492	**それでは**	그러면, 그렇다면
		それでは、会議を始めさせていただきます。
493	**すると**	그러자
		教室の電気が突然消えた。すると、みんな怖くて叫び出した。
494	**それなのに**	그런데도
		私は彼の告白を断った。それなのに、彼はまた告白してきた。
495	**それなら**	그렇다면
		東京に安く行きたいの？それなら、この航空会社のチケットを取ればいいよ。
496	**それから**	그리고 나서
		まずお肉を炒めます。それから、このたれをかけてください。

497	**そればかりか**	그뿐만 아니라
		彼は、チームを優勝に率いた。そればかりか、MVP選手にも選ばれた。
498	**ごく**	극히
		ごく稀に起こる問題ですので、心配しなくてもいいです。
499	**極めて**	극히, 더없이
		それは、私にとっては極めて重要な問題でもある。
		CHECK! 非常に 매우・至って 매우, 대단히
500	**至って**	매우, 대단히
		私は、至って元気です。ご心配なく。

문제유형 맛보기

問題1 ＿＿＿の言葉の読み方として最もよいものを、1・2・3・4から一つ選びなさい。

1 宮本さんは、難しい問題も軽々に解く。

1　かるがるに　　2　がるがるに　　3　さるさるに　　4　まるまるに

1 다음 단어의 한자 표기와 발음을 연결하고 뜻을 써 보세요.

1 危うく ・　　　　　　　・ ① こうぜん　　　　[　　　　]
2 努めて ・　　　　　　　・ ② つとめて　　　　[　　　　]
3 軽々に ・　　　　　　　・ ③ かるがるに　　　[　　　　]
4 殊に ・　　　　　　　　・ ④ ことに　　　　　[　　　　]
5 公然 ・　　　　　　　　・ ⑤ あやうく　　　　[　　　　]

2 다음 괄호 안에 들어갈 것으로 가장 어울리는 단어를 고르세요.

1 (　　　)食べられないものを食べなくてもいいよ。
　　① 押して　　　② 努めて　　　③ 危うく　　　④ 至って

2 正社員ではなく、(　　　)アルバイトとして働く人も多いです。
　　① 故に　　　② そもそも　　　③ あくまでも　　　④ 敢えて

3 この本は、(　　　)短い文で書かれていて、読みやすい。
　　① とりわけ　　　② 稀に　　　③ ごく　　　④ 敢えて

3 다음 단어의 뜻과 가장 비슷한 단어를 고르세요.

1 今度はうまいこと騙したかもしれないけど、次は分からないよ。
　　① 妙に　　　② 巧妙に　　　③ 下手に　　　④ 上手に

2 寝ていたんだね。道理で電話に出られなかったんだ。
　　① だから　　　② それでも　　　③ すると　　　④ そして

3 体調は良くなかったけど、努めて学校を休みたくなかったので、我慢しました。
　　① それでは　　　② しかし　　　③ できるだけ　　　④ なかなか

DAY 26 어휘체크   접속사, 부사, 확장표현 ②

501 憂さ晴らし
기분전환
憂さ晴らしに、ドライブでも行こう！

502 折り入って
긴히
社長、折り入ってお話ししたいことがございますが…。

503 長蛇の列を成す
길게 줄을 서다
あそこのパン屋、いつも長蛇の列を成しているね。よっぽどおいしいのかな？

504 ぐっと
꿀꺽, 쭉, 단숨에
兄は、のどが渇いたのか、牛乳をぐっと飲み切った。

505 隣の芝生は青く見える
남의 떡이 커 보인다
他の人を羨ましがるのは、隣の芝生は青く見えるというものなだけだ。

506 ないし
내지
正しい人数はわかりませんが、大体500人ないし550人だと思います。

507 八方美人
누구에게나 잘 보이려고 하는 사람, 팔방미인
あの人は八方美人だから、好きじゃない。

508 くたくた
느른한 모양, 지친 모양
朝から登山したものだから、もうくたくただ。

509	ただし	단, 단지
		学生証の再発行は無料です。ただし、最初の一回に限ります。

510	当~（とう~）	당~, 해당~
		当店（とうてん）では、全商品を15%割引した金額でご提供しております！

511	総じて（そう~）	대개, 일반적으로
		今年の夏は総（そう）じて雨が多かった。

512	大いに（おお~）	대단히, 크게, 매우, 많이
		彼は地域社会に大（おお）いに貢献した。

513	概して（がい~）	대체로, 일반적으로
		私は概（がい）して体調が悪いところはありません。

514	まして	더구나, 하물며, 한층
		プールでも泳げないのに、まして海で泳げるわけがないじゃん！

515	なおさら	더욱더, 한층
		ただでさえ暑いのに、風もないからなおさら暑く感じる。

516	かつ	동시에, 또한
		セミナーは、面白くかつ有益（ゆうえき）であった。

517	豚に真珠	돼지 목에 진주 목걸이
		機械音痴の彼にいいパソコンをプレゼントしても、豚に真珠だ。
518	したがって	따라서
		したがって、私は環境問題にもっと興味を持つべきだと言っているのだ。
519	よって	따라서, 그러므로
		1年間、あなたは優秀な成績を収めた。よって、今年度の学費を免除する。
520	しっくり	딱 들어맞는 모양, 뭔가를 깊게 느끼는 모양
		「違和感」とは、何かしっくりしないことを言います。

문제유형 맛보기

問題2 （　　　）に入れるのに最もよいものを、1・2・3・4から一つ選びなさい。

[1]　佐倉さんは、地域社会に（　　　）貢献した。

1　大柄　　　　2　多いに　　　　3　大いに　　　　4　なるべく

1 다음 단어의 한자 표기와 발음을 연결하고 뜻을 써 보세요.

1 八方美人 ・　　　　　・ ① うさばらし　　　[　　　　　　　]

2 概して ・　　　　　　・ ② はっぽうびじん　[　　　　　　　]

3 大いに ・　　　　　　・ ③ がいして　　　　[　　　　　　　]

4 豚に真珠 ・　　　　　・ ④ おおいに　　　　[　　　　　　　]

5 憂さ晴らし ・　　　　・ ⑤ ぶたにしんじゅ　[　　　　　　　]

2 다음 괄호 안에 들어갈 것으로 가장 어울리는 단어를 고르세요.

1 昨日まで徹夜で仕事をしたので、今日はもう(　　　)だ。

　① くたくた　　② くりくり　　③ くよくよ　　④ くるくる

2 ちょっと気分が良くなかったので、(　　　)に、近くの本屋に行ってきました。

　① 潤い晴らし　② 憂い晴らし　③ ウサギ晴らし　④ 憂さ晴らし

3 先生、(　　　)お伝えしたいことがありますが。

　① 折れ入って　② 折り入って　③ 折り返し　　④ 折りゆき

3 다음 단어의 뜻과 가장 비슷한 단어를 고르세요.

1 概して、思春期にはいろんな価値観の変化が起こるものだ。

　① 一般的に　　② せめて　　　③ 少なからず　④ ただの

2 彼は勉強が苦手で、漢字もきちんと読めない。まして数学の理論なんて理解できないだろう。

　① なおさら　　② それで　　　③ だから　　　④ さらに

3 忘年会に参加したい場合は電話ないし電子メールで知らせることになっている。

　① しばらく　　② すぐに　　　③ または　　　④ すると

DAY 27 　어휘체크　접속사, 부사, 확장표현 ③

521 捕らぬ狸の皮算用

떡 줄 사람 없는데 김칫국 마신다

捕らぬ狸の皮算用だから、夢から覚めて！

522 また

또

東京都内に住んでいる小学生、また、絵に興味がある方なら誰でも参加できます。

523 あるいは

또는

お色は、紫、青、あるいは赤の中でお選びいただけます。

CHECK! もしくは 또는, 혹은・または 또는

524 または

또는

お色は、紫、青、または赤の中でお選びいただけます。

525 もしくは

또는, 혹은

1年生もしくは2年生に申し込んでください。

526 くっきり

또렷이, 선명하게

今日は富士山がくっきり見えた。

527 二階から目薬

뜻대로 안됨, 효과가 없음

寝ていないのでは、どんなに薬を飲んでも、二階から目薬だよ。

528 もっての外

뜻하지 않음, 당치도 않음, 언어도단

高校生が一人で海外旅行に行くなんて、もっての外だ。

529	仮(かり)に	만일, 만약, 임시로
		仮に、この世の中がなくなったとしよう。

530	念(ねん)のため	만일을 위해
		念のために、親にも連絡を入れておく。

531	口(くち)の端(は)	말 끝
		人々の口の端に上る。

532	横槍(よこやり)を入(い)れる	말참견하다
		あの人は、いつも横槍を入れるよね。

533	～網(もう)	~망
		政府は、新しい通信網を設置すると発表した。

534	途方(とほう)に暮(く)れる	망연자실하다, 어찌할 바를 모르다
		彼は終電を逃して、途方に暮れていた。

535	猛(もう)～	맹~
		母は私の一人暮らしに猛反対した。

536	こぞって	모두, 빠짐없이
		夏祭りの行列には、町の住民がこぞって参加した。

537	自_{みずか}ら	몸소, 자신이
		先生は、自ら研究の楽しさを見せてくれた。
538	いやに	묘하게, 이상하게, 몹시
		今日はいやにテンションがいいね。
539	無理_{むり}に	무리하게
		無理に笑わなくてもいいんだよ。
540	無心_{むしん}	순진함, 순수함
		無心な子供たちの顔を見ていると、幸せになる。

문제유형 맛보기

問題3　＿＿＿の言葉に意味が最も近いものを、1・2・3・4から一つ選びなさい。

1　無心な子供たちの笑い声を聞いていると、幸せになる。

1　無邪気な　　2　やんちゃな　　3　はしゃいでいる　　4　楽しそうな

1 다음 단어의 한자 표기와 발음을 연결하고 뜻을 써 보세요.

1 もっての外 ・　　　　　・ ① もってのほか　　[　　　　]
2 仮に ・　　　　　　　・ ② もう〜　　　　　[　　　　]
3 口の端 ・　　　　　　・ ③ かりに　　　　　[　　　　]
4 〜網 ・　　　　　　　・ ④ くちのは　　　　[　　　　]
5 猛〜 ・　　　　　　　・ ⑤ 〜もう　　　　　[　　　　]

2 다음 괄호 안에 들어갈 것으로 가장 어울리는 단어를 고르세요.

1 (　　　)、もう1度確認してから申し込みしてください。
　① 念頭に　　② 念のため　　③ 念のせいで　　④ 念のおかげで

2 (　　　)、あなたがこれから大学院に行くとしましょう。
　① 仮に　　② もしかすると　　③ もしかしたら　　④ 念のため

3 1年生(　　　)2年生の学年を担当したい方いらっしゃいますか?
　① 万が一　　② あえて　　③ もしくは　　④ あいにく

3 다음 단어의 쓰임이 가장 어울리는 것을 고르세요.

1 途方に暮れる
　① もう夕日も途方に暮れているから、帰る時間だよ。
　② 問題の解決策を見つけることができず、途方に暮れている。
　③ 彼女はヨーロッパの途方に暮れている。
　④ 飛行機はどちらの途方に暮れているのでしょうか?

2 横槍を入れる
　① 発表しているところを、ずっと横槍を入れられて、まともに発表ができなかった。
　② 昔の人々は、横槍を入れて狩りをしていたらしい。
　③ 昔日本には、横槍を入れてお互いに祝う文化があった。
　④ 横槍を入れることは危なかったので、禁じられた。

DAY 28 어휘체크 접속사, 부사, 확장표현 ④

541 頭ごなし
무조건
部長はいつも頭ごなしに怒鳴ってくる。

542 こまめに
바지런하게, 여러 번, 자주
風邪などを予防するためにも、こまめに手を洗いましょう。

543 非〜
비~, ~가 아니다
それは、非科学的なことです。

544 予め
사전에
変更がある場合は予めご連絡ください。
CHECK! 前もって 사전에

545 前もって
사전에
前もって相談しておきたいことがあるけど。

546 馬の耳に念仏
소 귀에 경 읽기
彼に何を言ったって、馬の耳に念仏だよ。

547 見る見る
순식간에
火災が、見る見るうちにひどくなっている。

548 すらすら
술술
小説がすらすら書ける日がありますよね。

549 濡れ手で粟

쉽게 많은 이익을 얻음
濡れ手で粟をつかんだ。

550 朝飯前

식은 죽 먹기
こんなの、朝飯前だよ。

551 うきうき

(신이 나서) 두근두근
今日は遠足の日だ。楽しみでうきうきする。

552 ずばり

썩, 싹, 정통으로
中原さんは、相手の考えをずばり言い当てた。

553 瓜二つ

쏙 빼닮음
あなたのお母さんとあなたって、瓜二つだね。
CHECK! そっくりだ 쏙 빼닮다

554 利いた風

아는 체하다, 건방지다
あの人は、何かあればすぐ利いた風だから、ちょっと苦手だよ。

555 それとも

아니면
ご飯は何にする？肉？豚の生姜焼き？それとも、ラーメン？

556 仏の顔も三度

아무리 착해도 거듭 당하면 화를 낸다
そこまでひどいことをされたんだから。仏の顔も三度でしょう？

557	かろうじて	애써	
		食欲が全くないが、かろうじて食べ物を飲み込んだ。	
558	うろ覚え	어슴푸레한 기억	
		うろ覚えではありますが、確かに彼は手に花を持っていました。	
559	猫も杓子も	어중이떠중이도 다	
		祭りが始まると、猫も杓子もやってきた。	
560	年の暮れ	연말	
		年の暮れには、実家に帰ろうかな。	

문제유형 맛보기

問題4 次の言葉の使い方として最も良いものを、1・2・3・4から一つ選びなさい。

1　それとも

1　私はペンギンが好きだ。それとも、たくさんのペンギンのぬいぐるみを買った。
2　旅行、どこがいい？台湾？上海？それとも、ベトナム？
3　今日は雨だそうだ。それとも、雨は降らなかった。
4　飲み物は好き。それとも、最近は糖分を減らすために注意している。

1 다음 단어의 한자 표기와 발음을 연결하고 뜻을 써 보세요.

1 猫も杓子も ・　　　　・ ① ねこもしゃくしも　　[　　　　　]

2 仏の顔も三度 ・　　　・ ② としのくれ　　　　　[　　　　　]

3 年の暮れ ・　　　　・ ③ きいたふう　　　　　[　　　　　]

4 利いた風 ・　　　　・ ④ あたまごなし　　　　[　　　　　]

5 頭ごなし ・　　　　・ ⑤ ほとけのかおもさんど[　　　　　]

2 다음 괄호 안에 들어갈 것으로 가장 어울리는 단어를 고르세요.

1 彼女は、会議の際いつも(　　　)メモを取っている。

① 大いに　　② 敏感に　　③ 頻繁に　　④ こまめに

2 明日が文化祭だなんて、(　　　)して眠れられない。

① どきどき　② うきうき　③ すらすら　④ きりっと

3 私と弟は、(　　　)と言えるほど似ている。

① 瓜二つ　　② 瓜一つ　　③ 瓜三つ　　④ 瓜四つ

3 다음 단어의 쓰임이 가장 어울리는 것을 고르세요.

1 頭ごなし

① 彼は、頭ごなしだから、いい大学に入れたはずだ。

② 彼は、事情も聞かず頭ごなしに叱る。

③ 私は、最近ちょっと頭ごなしで悩んでいる。薬を飲まなきゃ。

④ 頭ごなしをしてみたけど、どう？似合う？

2 見る見る

① 娘の語学力は見る見る成長している。

② 息子は、叱りながらも、見る見るテレビを見ている。

③ 携帯電話を見る見るいじっている。

④ 散歩に行きたいのか、犬が僕のことを見る見るとしている。

DAY 29　어휘체크　접속사, 부사, 확장표현 ④

561 年の瀬
연말
年の瀬には、年越しそばを食べよう。

562 せっせと
열심히, 부지런히
農家の人々は、今日もせっせと種をまく。

563 専ら
오로지, 한결같이, 전혀
休日は専らゲームばかりしています。

564 ぞっと
오싹 소름이 돋는 모양
その恐ろしい事実に、私は思わずぞっとした。

565 李下に冠を正さず
오해나 의심 살 일을 하지 마라
そこに立っていたあんたが悪いんだよ。李下に冠を正さずと言うじゃん。

566 かえって
오히려, 도리어, 반대로
子供が食べられないものを無理やり食べさせる方が、かえって子供に良くない。

567 むしろ
오히려
成績が上がると思ったが、むしろ下がってしまった。

568 四六時中
온종일, 늘, 언제나
四六時中、私はあなたのことばかり考えているよ。

569	赤(あか)の他人(たにん)	완전히 모르는 사이의 타인
		「この人、知らないですか?」と聞かれても、本当に赤(あか)の他人(たにん)です。

570	八方塞(はっぽうふさ)がり	활로가 없어 도망칠 수 없음
		去年は何をしてもうまくいかず、八方塞(はっぽうふさ)がりの状態だった。

571	弘法(こうぼう)にも筆(ふで)の誤(あやま)り	원숭이도 나무에서 떨어진다
		あなたがあんなミスをするなんて、弘法(こうぼう)にも筆(ふで)の誤(あやま)りはあるんだね。

572	有数(ゆうすう)の〜	유수(손꼽을 만큼 두드러지거나 훌륭함)
		日本有数(ゆうすう)の動物園。

573	異口同音(いくどうおん)	이구동성
		会議のみんなは、加藤(かとう)さんのアイデアに異口同音(いくどうおん)に賛成した。

574	どうにか	이럭저럭, 그런대로, 겨우겨우
		どうにか生活はしていますが、やはり大変ですね。

575	異例(いれい)の〜	이례적인~
		外国出身の選手にする待遇(たいぐう)にしては異例(いれい)の待遇(たいぐう)だ。

576	かくて	이리하여
		かくて、王子と姫はいつまでも幸せに過ごしました。

CHECK! かくかくしかじか 이러쿵 저러쿵

577 今更
이제 와서
今更謝ったって、もう許してもらえないよ。

578 引っ張りだこ
인기가 많아 많은 사람들이 노리는 사람
あの芸能人は、最近あちこちで引っ張りだこである。

579 一概に
일률적으로, 일괄적으로
似たような質問には、個人別ではなく、一概に返答しますね。

580 てきぱき
일을 척척 잘 하는 모양
彼女は、いつもてきぱきと働く。

📝 **문제유형 맛보기**

問題1 ＿＿＿の言葉の読み方として最もよいものを、1・2・3・4から一つ選びなさい。

[1] それが正解だと、一概に話すことはできないです。

1　いちかいに　　　2　いちがいに　　　3　いぢかいに　　　4　いぢがいに

1 다음 단어의 한자 표기와 발음을 연결하고 뜻을 써 보세요.

1 年の瀬　・　　　　　・ ① もっぱら　　　[　　　　　]

2 専ら　・　　　　　　・ ② いまさら　　　[　　　　　]

3 四六時中　・　　　　・ ③ としのせ　　　[　　　　　]

4 異口同音　・　　　　・ ④ しろくじちゅう　[　　　　　]

5 今更　・　　　　　　・ ⑤ いくどうおん　[　　　　　]

2 다음 괄호 안에 들어갈 것으로 가장 어울리는 단어를 고르세요.

1 母は家族のために常に(　　)家事をこなし、尽力している。

　① せっせと　　② せっかく　　③ 久しぶりに　　④ 今更

2 彼女は、(　　)自分の研究に専念するばかりだ。

　① かえって　　② 今更　　③ たびたび　　④ 専ら

3 部長は、いつも(　　)仕事していて、周りからも信頼されている。

　① のろのろと　　② てきぱき　　③ てっきり　　④ はきはき

3 다음 단어의 쓰임이 가장 어울리는 것을 고르세요.

1 一概に

　① だからと言って、一概に悪いとは言えない。

　② クラス一概に映画を見に行った。

　③ 一概に行けば、郵便局が出ます。

　④ 教育は、水準別に一概に行うべきだ。

2 ぞっと

　① 明日、日本旅行に行くなんて、楽しみでぞっとする。

　② 恐ろしいニュースを聞いていたら、ぞっとした。

　③ 涼しい風が吹いて、ぞっとした。

　④ ぞっと、誰かが私に触れました。

DAY 30　어휘체크　접속사, 부사, 확장표현 ⑥

581　身から出た錆
자업자득
遊んでばかりでテストの結果が悪いのは身から出た錆よ。

582　進んで
자진하여
石森さんは、自ら進んでゴミ拾いのボランティア活動をしている。

583　独りでに
저절로
ドアが独りでに開いた。

584　ことごとく
전부, 모조리
ことごとくの人が彼女の結婚に反対している。
CHECK!　悉くらいごとも 써요.

585　挙げて
전부, 모조리, 일일이
責任は挙げて僕にあります。すみませんでした。

586　皆目
전혀, 도무지
あなたの言っていることは皆目分からない。

587　いまいち
조금 모자라는 모양
このケーキ、味がいまいちだね。

588　懐が寂しい
주머니 사정이 나쁘다
ごめん、お小遣いを使いきって懐が寂しいんだ。

589	未(いま)だかつて	지금껏, 한 번도
		未(いま)だかつて、私はラーメンを食べたことがありません。

590	うんざり	진절머리가 남, 지긋지긋함
		もうこの理不尽(りふじん)さにはうんざりだよ。

591	いっそ	차라리
		うとうとするくらいなら、いっそ寝ればどう？

592	石(いし)の上(うえ)にも三年(さんねん)	참고 견디면 복이 온다
		今は辛いかもしれないけど、石(いし)の上(うえ)にも三年(さんねん)だから、諦めずに頑張るんだよ。

593	しゃきしゃき	척척, 아삭아삭
		しゃきしゃきと、スイカを食べる音がした。

594	立(た)て板(いた)に水(みず)	청산유수
		彼は、立(た)て板(いた)に水(みず)を流すように話した。

595	しっとり	촉촉한 모양
		このケーキ、しっとりしていておいしいね。

596	とりわけ	특히
		とりわけ、若い女性を中心に人気が高まっているそうです。

597	**てっきり**	틀림없이
		ごめんなさい、てっきり私の友達だと思いました。
598	**きびきび**	팔팔하고 시원한 모양
		きびきびとした応対ぶり。
599	**けれども**	하지만, 그러나
		確かにそれは辛かった。けれども、最後まで食べたのだ。
600	**格段に**（かくだん）	현격히
		二人の実力は、格段に違った。

문제유형 맛보기

問題2 ＿＿＿のことばを漢字で書くとき、最もよいものを、1・2・3・4から一つ選びなさい。

① 未だかつて、私は一人暮らしをしたことがない。

1　今まで1回も　　2　今まで1回は　　3　この中で　　4　今日中に

확인문제

1 다음 단어의 한자 표기와 발음을 연결하고 뜻을 써 보세요.

1. 格段に ・　　　　　　・ ① かくだんに　　　[　　　　　]
2. 未だかつて ・　　　　・ ② いまだかつて　　[　　　　　]
3. 石の上にも三年 ・　　・ ③ いしのうえにもさんねん [　　　　　]
4. 立て板に水 ・　　　　・ ④ たていたにみず　[　　　　　]
5. 皆目 ・　　　　　　　・ ⑤ かいもく　　　　[　　　　　]

2 다음 괄호 안에 들어갈 것으로 가장 어울리는 단어를 고르세요.

1. 今は辛いかもしれないけど、(　　　)だから、諦めずに頑張るんだよ！
   ① 石の上にも二年　② 仏の顔に二年　③ 仏の上にも三年　④ 石の上にも三年

2. あら、私は(　　　)あなたがもう夕ご飯を食べたと思ってたわ。どうしよう。
   ① てっきり　　② てきぱき　　③ いっそ　　④ けれども

3. ごめんなさい。今(　　　)、外食はできません。
   ① 懐がいっぱいなので　　　　② 懐が寂しいので
   ③ 懐が寂しくないので　　　　④ 懐はないので

3 다음 단어의 쓰임이 가장 어울리는 것을 고르세요.

1. いまいち
   ① あれ？いまいち、何時だろう。確認してみよう。
   ② 彼氏が作ったカレーは、味がいまいちだった。
   ③ いまいち、宿題あったっけ？
   ④ いまいち、JLPTの講義を聞いているよ。

2. てっきり
   ① これはてっきり、山田(やまだ)さんのものだ。
   ② ごめんなさい、私、てっきりゴミだと思って…あなたの原稿、捨てちゃった。
   ③ てっきり、この北海道産のワインは私の大好物(だいこうぶつ)だ。
   ④ てっきり、いくら使ったのかな？

1일 1장으로 완벽 대비

JLPT N1
문법편

DAY 01 문형체크

1 〜あっての ~가 있고 나서야

접속 명사 + あっての

お客様あっての店です。常にお客様に親切にしましょう。
あなたあっての私だから。

📖 **같이 알아두기**

〜あってのことだ
〜あってのことである
~로 인해서 가능한 것이다

2 〜いかんによっては ~여하에 따라서는

접속 명사 + (の) + いかんによっては

試験の結果のいかんによっては、浪人する可能性もある。
天候(てんこう)のいかんによっては、イベントは中止することもあります。

📖 **같이 알아두기**

〜いかん
~여하, ~여부

〜いかんでは
~여하에 따라서는

3 〜いかんによらず ~여하에 상관없이

접속 명사 + (の) + いかんによらず

提出された書類は、結果のいかんによらず返却いたしません。
試験中、携帯電話の持ち込みが発覚した場合は、理由のいかんによらず不正行為とします。

🍎 **보너스**

〜いかんにかかわらず
~여하에 관계없이,
~여하에 상관없이

〜いかんを問わず
~여하를 불문하고

4 〜以前(いぜん) ~이전

접속 명사 + (である) + 以前
     な형용사 어간 + である + 以前
     동사의 사전형 + 의문사 + か/かどうか + 以前

相手に対して挨拶をするのは、ビジネスマナー以前の問題だ。
旅行に行けるかどうか以前に、休みが取れるかを
確認しなくちゃ。

💡 **Tip!**

반대의 의미를 나타내는 형용사(大きい・小さい) 또는 '긍정문+부정문' 형태 뒤에도 붙을 수 있어요.

5 〜か ~이겠는가!

접속 문장 + か

こんなもので足りると思うか！
今更変えることなどできるか。

問題1　次の文の（　　）に入れるのに最もよいものを、1・2・3・4から一つ選びなさい。

1　実績の（　　）、報酬(ほうしゅう)は一定です。

1　いかんでは　　2　いかんによると　　3　いかんによっては　　4　いかんによらず

1　괄호 안에 들어갈 문법 표현으로 알맞은 것을 골라 보세요.

1　税金を使って海外旅行に行くなんて、そんな政治家を(　　)。
① 信じられるか　　② 信じてもいい　　③ 信じない　　④ 信じる

2　合格できるかどうか(　　)、申し込めるかどうかを確認した方がいいんじゃない？
① 以前の　　② 以前に　　③ 以前で　　④ 以前から

2　다음 문장을 알맞은 순서대로 배열해 보세요.

1　＿＿ ＿＿ ＿＿ ＿＿、忘れてはいけない。[④ - - -]
① 会社だ　　② ということを　　③ あっての　　④ 社員

2　大変だ。でも＿＿ ＿＿ ＿＿ ＿＿！[② - - -]
① 諦められるか　　② もうすぐで
③ ゴールだというのに　　④ ここで

3　다음 빈칸에 들어갈 것으로 알맞은 것을 고르세요.

1　効果の(　　)、このような教育政策は親と学生、両方に負担になるだけだ。
① いかんの　　② いかんでは　　③ いかんで　　④ いかんによらず

2　内部審査(　　)、受賞者が出ない可能性があります。
① いかんにかかわらず　　② いかんによっては
③ いかんに問わず　　④ いかんの

DAY 02 　문형체크

6　〜が〜だけに　~이/가 ~인 만큼

접속　명사 + が + 명사 + (な/である) + だけに

時間が時間なだけに、今日はここまでにして帰りましょう。
この書類の情報は、内容が内容なだけに、
どこかに漏れないよう気を付けましょう。

7　〜か否か　~인지 어떨지

접속　동사 사전형 / 동사 た형 + か否か
　　　명사 / な형용사 보통형 + か否か
　　　い형용사 사전형 + (の) + か否か

N1に合格するか否かは、努力によって決まる。
パーティーに参加するか否かは、仕事の進み具合次第だ。

⚠ 주의! (시제가 현재일 때)
명사 / な형용사 어간 +
(である / なの) + か否か

8　〜限りだ　매우 ~하다

접속　い형용사 사전형 + 限りだ
　　　な형용사 어간 + な + 限りだ

こんなに素晴らしい送別会を開いてくださるなんて、
嬉しい限りです。
待ちに待ったコンサート当日なのに風邪で行けなく
なるなんて、残念な限りだ。

9　〜かたがた　~하는 겸해서, ~하는 김에

접속　명사 + かたがた

お見舞いかたがた、ノート返しに行こうよ。
新年になったので、お礼かたがた新年のご挨拶を
した次第です。

💡 Tip!
〜かたがた 뒤에는 伺う
・行く・訪れる・来る 등의
이동 동사가 주로 와요.

🍎 보너스
〜がてら・〜かねて・
〜ついでに
~하는 김에

10　〜かたわら　~하는 한편으로

접속　동사 사전형 + かたわら
　　　명사 + の + かたわら

彼は、高校に通うかたわら、スーパーでアルバイトもしている。
あの人は、俳優として活動するかたわら、小説も書いている。

問題2　次の文の★に入る最もよいものを、1・2・3・4から一つ選びなさい。

1　兄は、__ __ ★ __。

1　仕事のかたわら　　2　絵も描いて　　3　展示会まで　　4　開いたとのことだ

1　괄호 안에 들어갈 문법 표현으로 알맞은 것을 골라 보세요.

1　姉は、育児の(　　　)、インターネットで自分が作った編み物を売っている。

　① かねて　　② ついでに　　③ がてら　　④ かたわら

2　こんなに素晴らしいプレゼントをいただくなんて、嬉しい(　　　)です。

　① 限りの　　② 限りに　　③ 限り　　④ 限りで

2　다음 문장을 알맞은 순서대로 배열해 보세요.

1　僕にはレベル高いところだけれど、__ __ __ __。[④ - - -]

　① 出願書類を　　② 迷っているんだ　　③ 出すか否か　　④ この大学に

2　__ __ __ __、店はもう閉まっていた。[③ - - -]

　① 時間なだけに　　　　　② 急いで走ってみたが

　③ 退社してから　　　　　④ 時間が

3　다음 빈칸에 들어갈 것으로 알맞은 것을 고르세요.

1　この企業の会長は、経営をする(　　　)、盲導犬の育成にも力を注いでいる。

　① かたわら　　② がてら　　③ ついでに　　④ かねて

2　時期(　　)時期な(　　)、もう桜は散ってしまった。

　① が、に　　② が、だけに　　③ に、を　　④ と、だけに

DAY 03　문형체크

11　〜かと思いきや　~라고 생각했더니

접속　동사 / 명사 / 형용사 보통형 + かと思いきや

新入社員かと思いきや、取引先の社長だと言われて驚いた。
学生マンションだというのでうるさいかと思いきや、
意外と静かで居心地が良い。

> ⚠️ 주의! (시제가 현재일 때)
> 명사 + かと思いきや
> な형용사 어간 + かと思いきや

12　〜が早いか　~하자마자

접속　동사 사전형 / 동사 た형 + が早いか

夫は、家に帰ったが早いか、すぐ眠ってしまった。
授業が終わるが早いか、生徒たちはみんな外へ走っていった。

13　〜がゆえ(に/の)　~해서, ~하기 때문에

접속　동사 / 명사 / 형용사 보통형 + がゆえ(に/の)

親であるがゆえに、子供に厳しくしつけをしなければならない。
消費者のニーズ把握をしっかりしたがゆえに、高い利益を
得ることができた。

> ⚠️ 주의! (시제가 현재일 때)
> 명사 / な형용사 어간 +
> である + がゆえ(に/の)
>
> 🍎 보너스
> それ故
> 그러므로, 그런고로
> (접속사)

14　〜からある　~이나 되는

접속　수량 명사 + からある

小さい子供が20kgからある荷物を持って歩いているなんて、
かわいそうな限りだ。
面白すぎて、400ページからある小説を、一気に読んで
しまった。

> 💡 Tip!
> 사람 수를 표시할 때는
> からいる/からのを
> 사용하고, 가격을 이야기할
> 때는 からする를 사용해요.

15　〜からなる　~으로 구성되는

접속　명사 + からなる

水は、酸素と水素からなる物質だ。
日本は、4つの大きい島からなる国です。

問題3　次の文章を読んで、文章全体の趣旨を踏まえて、 41 から 44 の中に入る最もよいものを、1・2・3・4から一つ選びなさい。

日本は、大きく分けて4つの島 41 国で、その人口も1億人を超えている、非常に規模の大きい国である。しかし、国土の70%が山地である 42 、多くの人は数少ない平野地域に密集している。 43 日本の人口密度は、とても高いと言える。東京にはなんと1,400万人 44 人が住んでいるとのことだ。

41	1　からなる	2　からある	3　からする	4　からいる
42	1　ゆえが	2　ゆえの	3　がゆえに	4　したがって
43	1　それでも	2　したがって	3　それでは	4　ところで
44	1　からある	2　からいる	3　からして	4　からいて

1 괄호 안에 들어갈 문법 표현으로 알맞은 것을 골라 보세요.

1 にわか雨(　　　)、台風だった。
　① かと思い　　② かと思っても　　③ かと思いきや　　④ かと思って

2 息子は、高校生の頃は家に帰る(　　　)、すぐ部屋にこもっていた。
　① がゆえに　　② につれて　　③ が早いか　　④ かねて

2 다음 문장을 알맞은 순서대로 배열해 보세요.

1 ＿＿　＿＿　＿＿　＿＿。[① - 　 - 　 - 　]
　① 明日が学校の　　② 文化祭がゆえに　　③ 奔走していた　　④ 部活のみんなは

2 ＿＿　＿＿　＿＿　＿＿、また泣き始めた。[② - 　 - 　 - 　]
　① かと思いきや　　② 彼女は　　③ 泣き止んだ　　④ やっと

3 다음 빈칸에 들어갈 것으로 알맞은 것을 고르세요.

1 韓国は、5千万人(　　　)人が住んでいる国であり、その中でもソウルに住んでいる人口は約千万人ほどだ。
　① でいる　　② からいる　　③ からある　　④ からする

2 地球は、海と陸(　　　)。特に海は地球のおよそ70%を占めている。
　① からする　　② からなる　　③ からある　　④ からいる

DAY 04 문형체크

16 ～きらいがある ~하는 경향이 있다

접속 동사 사전형 / 동사 ない형 + きらいがある

彼は、思ったことをすぐに口にするきらいがある。
斎藤さんは、余計なお節介を焼くきらいがある。

보너스
～すぎのきらいがある
너무~하는 경향이 있다

17 ～極まりない ~하기 짝이 없다

접속 な형용사 어간 + 極まりない

ランタンもなく夜の登山に行くなんて、危険極まりない。
店員が不親切極まりない態度を取ったので、
本社へクレームをつけた。

보너스
～極まる
~하기 짝이 없다

い형용사 + こと + 極まりない로 말하는 경우도 있어요.

18 ～くらいなら ~할 거라면

접속 동사 사전형 + くらいなら

薬局に行くくらいなら、病院に行った方がもっとましだ。
カップ麺を食べるくらいなら、コンビニ弁当でも食べた方がいい。

같이 알아두기
～くらいでないと
~할 정도가 아니면

19 ～ごとき ~따위, ~같은

접속 명사 + ごとき

お菓子ごときで兄弟ゲンカするな。
幽霊ごとき、ちっとも怖くない。

20 ～ごとく ~처럼, ~같이

접속 명사 + の(が) + ごとく

彼は、「じゃ」という一言を吐いてから、嵐のごとく走り去った。
今回の定期会議では、下記のごとく決意いたしました。

보너스
명사 + の(が) + ごとき + 명사
~와 같은 명사

명사 + の(が) / 동사 보통형 + (が) + ごとし
~와 같다

問題1　次の文の（　　）に入れるのに最もよいものを、1・2・3・4から一つ選びなさい。

1　お前（　　）に負けるものか。

1　ごとく　　　2　ごとし　　　3　ごとくの　　　4　ごとき

1 괄호 안에 들어갈 문법 표현으로 알맞은 것을 골라 보세요.

1　相手は、私（　　）の一般の人には、とても手が届かない人だ。

① ごとき　　　② ごとく　　　③ ごとで　　　④ ごとし

2　彼は、つい人のやることに口を出す（　　）。

① がちだ　　　② 始末だ　　　③ きらいがない　　　④ きらいがある

2 다음 문장을 알맞은 순서대로 배열해 보세요.

1　そんなことを言うなんて、__ __ __ __。[④ - - -]

① じゃないか　　② 相手に大変　　③ 失礼極まりない　　④ いくらなんでも

2　__ __ __ __行かない方がましなんじゃないか。[④ - - -]

① くらいなら　　② 学校に行く　　③ いっそ　　④ 10時過ぎて

3 다음 빈칸에 들어갈 것으로 알맞은 것을 고르세요.

1　いわゆる「コンビニ敬語」について、「客への優しさを表現したものだからいい」といって擁護する人がいるが、いくらなんでもそれは不自然（　　）。

① 極だ　　　② 極まりない　　　③ 極まりだ　　　④ 極みだ

2　普通、たったの100円なくした（　　）でそこまで落ち込むか？

① ごとく　　　② ごとき　　　③ ごとし　　　④ のごとく

DAY 05　문형체크

21　〜こととて　~이어서, ~해서

접속　동사 ない형 + こととて
　　　명사 + の + こととて

本日は、担当者が不在のこととてご迷惑をおかけし、大変失礼いたしました。
まだ日本語がよく分からないこととて何か失礼なことを言ってしまいましたら、申し訳ございません。

22　〜しかあるまい　~할 수밖에 없을 것이다

접속　동사 사전형 + しかあるまい

それをできる人が私だけなので、引き受けるしかあるまい。
目の前でのその素晴らしい技を見たら、あなたもきっと、買うしかあるまい。

23　〜始末(だ)　~형편이다, ~꼴이다, ~모양이다

접속　동사 사전형 / ない형 + 始末(だ)

彼は後回しする癖があり、結局は仕事が溜まって残業する始末だ。
姉は子供を甘やかしすぎて、結局子供の行儀が悪くなる始末だ。

💡 **Tip!**
〜始末で 라는 형태로 문장을 연결할 때 쓰기도 해요.

24　〜ずくめ　~일색, 온통~

접속　명사 + ずくめ

留学に行った兄が一時帰国したということで、今日の夕飯はご馳走ずくめだ。
僕の学校は規則ずくめで、制服の名札をつけることにさえ規則がある。

💡 **Tip!**
黒・白・いいこと・失敗・ご馳走・規則 등의 단어와 자주 쓰입니다.

25　〜ずじまいだ　~하지 못하고 말다

접속　동사 ない형 + ずじまいだ

結局、犯人が誰かは分からずじまいだった。
好きな子に、結局1回も話しかけずじまいで卒業してしまった。

⚠️ **주의!**
する → せずじまい

問題2　次の文の★に入る最もよいものを、1・2・3・4から一つ選びなさい。

1　___ ___ ___ ★、大変失礼いたしました。

1　こととて　　　2　予約ミスの　　　3　ご迷惑をおかけし　4　本日は弊店の

1 괄호 안에 들어갈 문법 표현으로 알맞은 것을 골라 보세요.

① 急用の(　　　)、まともにおもてなしできなかった点、申し訳ございませんでした。
　① ことで　　　② ことに　　　③ こととて　　　④ ことが

② パソコンも、テレビもないんだったら、もう寝る(　　　)。
　① だけある　　② しかあるまい　③ しかだ　　　　④ からだ

2 다음 문장을 알맞은 순서대로 배열해 보세요.

① テレビの刑事ドラマを見ていたら、___ ___ ___ ___。[②- - -]
　① 分からずじまいだった　　　② 母にお風呂に入りなさいと
　③ 誰が犯人かは　　　　　　　④ 言われたので

② 彼女は、___ ___ ___ ___。[④- - -]
　① 他の作品を連載するから　　② すぐ投げ出しては
　③ 読者に不満が寄せられる始末だ　④ 書いていた作品を

3 다음 빈칸에 들어갈 것으로 알맞은 것을 고르세요.

① 娘の結婚に息子の大企業入社など、最近我が家はいいこと(　　　)。
　① だらけ　　　② まみれ　　　③ ずくめだ　　　④ ずくめ

② 東京旅行に向けてガイドブックまで買ったのに、全く(　　　)。
　① 読まずに済んだ　　　② 読まずじまいだった
　③ 読み終わった　　　　④ 読み直した

DAY 06 문형체크

26 〜ずにはおかない   ~하고야 말겠다

접속 동사 ない형 + ずにはおかない

「今年こそ、大学に合格せずにはおかない」と、決意を付けた。
会社で出世せずにはおかないと、私は一人で決めたのだ。

⚠ 주의!
する → せずにはおかない

27 〜ずにはすまない   1. ~하게 될 것이다 2. ~해야만 한다

접속 동사 ない형 + ずにはすまない

会社所有の車で交通事故を起こしたものだから、
賠償せずにはすまないはずだ。
国会議員の横領問題は、国民も知らずにはすまないことだ。

⚠ 주의!
する → せずにはすまない

28 〜そばから   ~하는 족족

접속 동사 사전형 / た형 + そばから

ドーナツを揚げるそばから夫が食べてしまうから、
揚げても揚げてもきりがない。
彼は、お肉を食べに行くと、いつも肉が焼けたそばから
自分のお皿に取っていく。

29 〜そびれる   ~하려다 못하다

접속 동사 ます형 + そびれる

寝坊して、ゴミを出しそびれた。
言おうとしたが、結局言いそびれてしまった。

30 〜たが最後   한 번 ~ 했다 하면

접속 동사 た형 + が最後

信用は失ったが最後、取り戻すことは難しい。
言葉は、言ったが最後。取り消しなどできないよ。

 보너스
회화체에서는 〜たら最後의 형태로 사용하는 경우도 있어요.

問題3　次の文章を読んで、文章全体の趣旨を踏まえて、41 から 44 の中に入る最もよいものを、1・2・3・4から一つ選びなさい。

本は、41 です。42、本を出版する前までに、誤字や脱字、そして内容の誤りなどを直すべきです。それを忘れてしまったら、多くのクレームが寄せられず 43 ということを常に頭の中に置いておく必要があるのです。「完璧な本を作らず 44 ！」という意気込みで本の制作に向かってください。

41	1 出たが最後	2 出た最期	3 出たら出たで	4 出ても大丈夫
42	1 ところが	2 故に	3 すでに	4 すなわち
43	1 にはいられない	2 じまい	3 にはおかない	4 にはすまない
44	1 にはおかない	2 じまい	3 にはすまない	4 べきだ

1 괄호 안에 들어갈 문법 표현으로 알맞은 것을 골라 보세요.

1 「今度こそ、あの事件の犯人を捕まえず(　　)ぞ」と、警部は言った。

① にいられない　② に済む　③ にはおかない　④ じまい

2 国の予算の使い道については、私たち一般国民も良く知っておかず(　　)。

① べきはない　② べからず　③ にはすまない　④ べく

2 다음 문장을 알맞은 순서대로 배열해 보세요.

1 母がせっせと ＿　＿　＿　＿。[② - - -]

① 食べまくっている　② パンを焼くそばから
③ 子供たちが　④ できたパンを

2 日本語の勉強をしようとしても、＿　＿　＿　＿。[④ - - -]

① 本当に大変だ　② 覚えるそばから
③ 忘れてしまうがゆえに　④ 新しい単語が出ると

3 다음 빈칸에 들어갈 것으로 알맞은 것을 고르세요.

1 「もうここに来ないで」と言いたかったのに、(　　)。

① 言わずにはおかなかった　② 言わないですんだ
③ 言おうとした　④ 言いそびれてしまった

2 会社は、(　　)だ。退職は慎重に考えるべきだ。

① 辞めては最後　② 辞めると最後　③ 辞めたが最後　④ 辞めれば最後

DAY 07 문형체크

31 〜だけで ~만에, ~만으로, ~하기만 해도

접속 동사 보통형 + だけで
　　　명사 + だけで

5分だけで、1人前の料理が出た。
旅行のことを考えるだけで、もう楽しすぎる。

같이 알아두기

〜だけでは + 부정표현
~만으로는 ~ 하지 않다

〜だけのことだ
~할 뿐이다

32 〜だけましだ ~만으로도 다행이다

접속 동사 / 형용사 보통형 + だけましだ
　　　명사 + である + だけましだ

今月は実績があまり良くなかったから、たった5万円でも、ボーナスがもらえただけましとするか。
500円でも、宝くじに当たっただけましだよ。
私なんて大外れよ。

⚠️ 주의! (시제가 현재일 때)

な형용사 어간 + な/である
+ だけましだ

33 (ただ)〜のみ (그저)~일 뿐

접속 (ただ) + 동사 사전형 / 명사 + のみ

ただ頑張って練習するのみでした。
強さのみがすべてではない。

보너스

ただ〜のみならず
단지 ~ 일뿐만 아니라

34 〜だに ~하는 것만으로도, ~조차

접속 동사 사전형 + だに

絶叫マシンなんて、考えるだに怖い。
残っている仕事を考えるだに気が重い。

35 〜だにしない 전혀~하지 않다, ~조차 하지 않다

접속 명사 + だにしない

予想だにしなかったエラーにより、今までしていたことが全部消えてしまった。
想像だにしなかった人物の訪れに、登場人物たちはあたふたしていた。

💡 Tip!

想像・予想・微動(びどう)・一顧(いっこ) 등의 단어와 함께 쓰이는 경우가 많아요.

問題1 次の文の（　　　）に入れるのに最もよいものを、1・2・3・4から一つ選びなさい。

[1] 微動（びどう）（　　　）彼女の姿に、僕は感心するしかなかった。

1　だにいる　　　2　だに　　　3　だにしない　　　4　だにせず

---

1 괄호 안에 들어갈 문법 표현으로 알맞은 것을 골라 보세요.

1 明日が成績発表だなんて、お母さんに怒られることを考える(　　　)憂鬱(ゆううつ)になる。

　① だに　　② だけで　　③ だけでは　　④ だけのことで

2 元気出しなよ。ケガしなかった(　　　)じゃないか。

　① でまし　　② だけましだ　　③ だけまし　　④ だけのことで

2 다음 문장을 알맞은 순서대로 배열해 보세요.

1 ＿＿ ＿＿ ＿＿ ＿＿。運も大事なんだ。[- - -]

　① ただ歌を上手く歌える　　② あなたが
　③ 歌手になりたいなら　　　④ のみでは足りない

2 ＿＿ ＿＿ ＿＿ ＿＿。[- - -]

　① 涙が出ちゃう　　　　　② 考えるだけで
　③ とても悲しくて　　　　④ あなたと別れることを

3 다음 빈칸에 들어갈 것으로 알맞은 것을 고르세요.

1 ちょっと咳が出る(　　　)。会社を休むなんてあり得ない。

　① だけのことだ　　② だけでは　　③ だけで　　④ なんだ

2 予想(　　　)彼の訪問に、私はただ困るのみだった。

　① だにしなかった　　② だにする　　③ だにせざる　　④ だにつ

139

DAY 08 　문형체크

36　～たら～たで　~하면 ~하는 대로

접속　동사 / 명사 / 형용사 과거형 + たら + 동사 / 명사 / 형용사 과거형 + で

お金があったらあったで、また別の心配事が多くなってしまう。
お金がなかったらなかったで、何とかなるんだよ。

37　～たりとも　~이라도

접속　1이 붙는 수량명사 + たりとも

一瞬たりとも、あなたと離れたくない。
1円たりとも、無駄にしたくない。

38　～たる　~인, ~된

접속　명사 + たる + 명사

学生を差別する人は、先生たる資格がない。
リーダーたる者は、責任感を強く持つべきだ。

39　～だろうに　~일 텐데

접속　동사 / 명사 / 형용사 보통형 + だろうに

どうしてその携帯電話にしたの？もっといい物があっただろうに…。
これほどの量を一人でやるって大変だっただろうに、お疲れ様。

40　～つ～つ　~하기도 하고 ~하기도 하고

접속　동사 ます형 + つ + 동사 ます형 + つ

通勤電車では、いつも押しつ押されつしています。
富士山が見えつ隠れつしていた。

⚠️ **주의!**

뒷부분의 명사 / な형용사에는 だ가 붙지 않아요.

📖 **같이 알아두기**

～ば～で
~하면 하는 대로

～は～で
~는 ~대로

🍎 **보너스**

～たる者
~인 자, ~된 자

～たるに値しない
~된 값을 못하다,
~답지 못하다

⚠️ **주의! (시제가 현재일 때)**

명사 / な형용사 어간 + だろうに

💡 **Tip!**

であろうにらとも 말할 수 있어요.

問題2　次の文の★に入る最もよいものを、1・2・3・4から一つ選びなさい。

1　そこ見て！__ ★ __ __？

1　浮きつ沈みつ　　2　イルカが海の中を　3　見えるでしょう　4　していることが

1 괄호 안에 들어갈 문법 표현으로 알맞은 것을 골라 보세요.

1 父は何かを待っているかのように、さっきからずっと家の外を行き(　　)戻り(　　)している。

① つつあり　　② つつ　　③ つつの　　④ つ

2 傘を持っていたら、びしょ濡れにはならなかった(　　)…。

① だろうに　　② だに　　③ だにしなかった　　④ だろうで

2 다음 문장을 알맞은 순서대로 배열해 보세요.

1 __ __ __ __。[- - -]

① 入れなさいよ　② お家に帰ったら　③ 連絡ぐらい　④ 帰ったで

2 一日たりとも__ __ __ __。[- - -]

① 忘れたこと　　　　② 私があなたのことを

③ なんて　　　　　　④ なかったよ

3 다음 빈칸에 들어갈 것으로 알맞은 것을 고르세요.

1 国のリーダー(　　)者が持つべきことは何だろうか。それは、国民の言葉をよく聞いて、実行しようとする心構えだと思う。

① たり　　② たりとも　　③ たる　　④ だに

2 金なんて(　　)何とかなるものさ。

① なかったらなかったで　　② ありつないつ

③ なかっただろうに　　　　④ なかったと

DAY 09　문형체크

41　〜てはかなわない　~해서는 견딜 수 없다

접속　동사 て형 + はかなわない
　　　い형용사 어간 + くて + はかなわない
　　　명사 / な형용사 어간 + で + はかなわない

また隣の部屋でうるさい音が流れている。何日もこんなにうるさくされてはかなわない。

毎日残業ばかりさせられていてはかなわない。

📖 **같이 알아두기**

〜てはたまらない
해서(는) 참을 수 없다

42　〜であれ〜であれ　~이든~이든

접속　명사 + であれ + 명사(의문사) + であれ

犬であれ猫であれ、このマンションではペットは飼えません。
2位であれ3位であれ、頑張ったことに意味があるんだ。

📖 **같이 알아두기**

명사 + であれ(であろうと)
~이어도

43　〜てからというもの　~하고 나서 계속

접속　동사 て형 + からというもの

息子は、塾に入ってからというもの、ずっと成績が上がっている。
その映画を見てからというもの、感動が消えないでいる。

🍎 **보너스**

それからというもの
그로부터 계속

44　〜てしかるべきだ　~해야 마땅하다

접속　동사 て형 + しかるべきだ
　　　い형용사 어간 + くて + しかるべきだ
　　　な형용사 어간 + で + しかるべきだ

全ての子供は、安全に守られてしかるべきだ。
ミスしたら、上司に報告してしかるべきだ。

45　〜でなくてなんだろう　~이 아니고 무엇이란 말인가!

접속　명사 + でなくてなんだろう

これが芸術でなくてなんだろう！
これが愛情でなくてなんだろう！

問題3　次の文章を読んで、文章全体の趣旨を踏まえて、 41 から 44 の中に入る最もよいものを、1・2・3・4から一つ選びなさい。

また隣の部屋からうるさい音が聞こえてくる。もううんざりだ。1ヶ月もこんな騒音(そうおん)に睡眠を 41 。私は大家に電話を掛けた。大家は、「大学生なので、たぶん浮(うわ)ついていると思いますよ。注意しますので…。」と言ったが、大学生 42-a 何 42-b 、僕の生活の邪魔をするのは許しがたい。いや、 43 、大学生だからこそ、厳しく注意を 44 。

41	1 邪魔されていてはいられない	2 邪魔されていられない
	3 邪魔されていてはかなわない	4 邪魔してはいられない
42	1 であれ　　2 しても　　3 たり　　4 つ	
43	1 もちろん　2 むしろ　3 だけど　4 それで	
44	1 してからではない	2 してもいい
	3 せずに済んだ	4 してしかるべきだ

확인 문제

1 괄호 안에 들어갈 문법 표현으로 알맞은 것을 골라 보세요.

1 10階から落ちた子供が傷一つもなく生き残った。これが奇跡でなくて(　　)。

① しかるべきである　② はかなわない　③ なんだろう　④ からというもの

2 冬が嫌いではないが、こんなに(　　)。

① 寒くてはかなわない　　　　② 緩くてはかなわない
③ 痛くてはかなわない　　　　④ 暑くてはかなわない

2 다음 문장을 알맞은 순서대로 배열해 보세요.

1 ＿＿ ＿＿ ＿＿ ＿＿。[- - -]

① リモートワークに　　　　② なってからというもの
③ 能率も上がった　　　　　④ 仕事が捗(はかど)って

2 ＿＿ ＿＿ ＿＿ ＿＿。[- - -]

① 子供にマナーを身につけさせるためにも　② 親は子供にしつけを
③ よりしっかり　　　　　　　　　　　　　④ してしかるべきだ

3 다음 빈칸에 들어갈 것으로 알맞은 것을 고르세요.

1 会社では、上司(　　)同僚(　　)、常にいい関係を保つべきだ。

① なりの、なりの　② なりに、なりに　③ つ、つ　④ であれ、であれ

2 このサプリメントを飲んで(　　)、肌がとてもつるつるになった。

① からというもの　② というもの　③ はというもの　④ はものの

143

DAY 10 문형체크

46 **〜ではあるまいし** ~도 아니고

접속 명사 + ではあるまいし

ケンカなんかしないよ。子供ではあるまいし。
小学生ではあるまいし、こんな簡単な計算もできなくては困る！

47 **〜てはばからない** ~하기를 주저하지 않는다

접속 동사 て형 + はばからない

彼女は、思ったことを素直に言ってはばからない。
自分の責任でないと言ってはばからないとか、
あの政治家もすごいね。

48 **〜てみせる** ~해 보이다

접속 동사 て형 + みせる

絶対、今回の大会では優勝してみせる。
絶対N1に合格してみせる。

49 **〜ても差し支えない** ~해도 괜찮다, ~해도 지장 없다

접속 동사 て형 + も + 差し支えない
い형용사 어간 + くて + も + 差し支えない
な형용사 어간 + で + も + 差し支えない
명사 + でも + 差し支えない

スマートフォンさえあれば、パソコンが壊れても差し支えない。
課題の提出は、明日でも差し支えありません。

50 **〜てやまない** ~해 마지않다, 간절히~하다

접속 동사 て형 + やまない

愛してやまない。
平和な世界になることを願ってやまない。

🍎 **보너스**

〜じゃあるまいし
회화체

💡 **Tip!**

願う・祈る・期待する・望む・愛する 등의 단어와 함께 쓰이는 경우가 많아요.

問題1　次の文の（　　）に入れるのに最もよいものを、1・2・3・4から一つ選びなさい。

1　今年はみんなが幸せになるのを願って（　　　）。

1　やまない　　　2　やめない　　　3　やみない　　　4　やむを得ない

1　괄호 안에 들어갈 문법 표현으로 알맞은 것을 골라 보세요.

1　もう小学生(　　)、明日の準備は自分でしなさいね。
　① ではあるまいしず　② ではあるまいし　③ ではあるまい　④ ではあるまいか

2　このお寺は、日本一有名だと言っても(　　)。
　① 差し入れる　　② 差し替える　　③ 差し出す　　④ 差し支えない

2　다음 문장을 알맞은 순서대로 배열해 보세요.

1　これは＿＿ ＿＿ ＿＿ ＿＿。[- - -]
　① 愛してやまない　② 日本人がもっとも　③ 歌ランキング　④ 1位の歌なの

2　テレビにちょっと映っただけで、よくも＿＿ ＿＿ ＿＿ ＿＿。[- - -]
　① 有名人になったと　② 自分が　③ 言って　④ はばからないね

3　다음 빈칸에 들어갈 것으로 알맞은 것을 고르세요.

1　今回のテストこそ、1位に(　　)。彼女はそう思ってから、猛勉強を始めたのだ。
　① なってみせる　② してみせる　③ きてみせる　④ みてみせる

2　あの王には3人の娘がいたのだが、中でも最も彼が(　　)のは、末っ子のマリア王女だった。
　① 愛してはばからない　　　　② 愛せずにいられない
　③ 愛してやまない　　　　　　④ 愛しない

DAY 11 문형체크

51 ～てやる   ~해 주다
접속 동사 て형 + やる

もう我慢なんてできない！こんな会社辞めてやる。
今回はダメだったけど、次こそ1位になってやる。

52 ～とみえる   ~한 것 같다
접속 동사 / 명사 / 형용사 보통형 + とみえる

夜、雨が降っていたとみえる。
彼女はニンジンが食べられないとみえる。

⚠️ **주의! (시제가 현재일 때)**
명사 / な형용사 어간 + だ + とみえる

📖 **같이 알아두기**
～とみえて
~한 것인지

53 ～ともなしに/ともなく   무심코~
접속 동사 사전형 + ともなしに/ともなく

見るともなしにテレビを見ていたら、知り合いが出て驚いた。
聞くともなくラジオを聞いていたら、好きな曲が流れてきて嬉しかった。

54 ～と/にしたところで   ~라고는 해도
접속 명사 + と/にしたところで

お金持ちとしたところで、悩みはある。
温厚な小山くんにしたところで、1時間も待たされたあげく、ドタキャンされると怒るに違いない。

🍊 **보너스**
いずれにしたところで (いずれにしたって)
어쨌든, 어느 쪽이든

55 ～と/に～と/が相まって   ~와 ~와/가 맞물려
접속 명사 + と/に + 명사 + と/が相まって

この小説は、魅力的な主人公たちと緻密なプロットが相まって、世界中で爆発な人気を集めた。
巧みなストーリーに印象的な演技が相まって、このような名作が誕生したのです。

問題2　次の文の★に入る最もよいものを、1・2・3・4から一つ選びなさい。

1　__　★　__　__、とても深みがあって美味しい。

1　念入りに取った　　2　国産の鶏と　　3　出汁が相まって　　4　この鍋は

1 괄호 안에 들어갈 문법 표현으로 알맞은 것을 골라 보세요.

1 次こそ、絶対私が営業実績1位になって(　　　)。

① もらう　　　② やる　　　③ くれる　　　④ あげる

2 カフェに入ってくる人々が寒がっているのを見ると、外は結構気温が下がった(　　　)。

① となるか　　② というか　　③ とみえる　　④ といえる

2 다음 문장을 알맞은 순서대로 배열해 보세요.

1 __　__　__　__、元カレの姿が見えた。[- - -]

① 駅の　　　② 見るともなく　　③ 反対のホームを　　④ 見ていたら

2 __　__　__　__、思わず笑いかけた。[- - -]

① 隣に座った　　② 人達の話を　　③ 聞くともなく　　④ 聞いていたら

3 다음 빈칸에 들어갈 것으로 알맞은 것을 고르세요.

1 昔話や童話の終わりはいつも「いつまでも幸せに」で終わる。しかし、ハッピーエンド(　　　)、本当にそれがいつまでも続くだろうか。

① にしたところで　　② したところで　　③ でしたところで　　④ のしたところで

2 このコーヒーは、酸味のある豆とクリーミーなミルクが(　　　)、とても絶妙な味がする。

① 相まって　　② 交えて　　③ 混ざって　　④ 混じって

DAY 12 　문형체크

56　〜とあって　~이라서

접속　동사 / 명사 / 형용사 보통형 + とあって

連休初日とあって、いつもよりも渋滞が激しい。
あの監督と話ができるとあって、多くの人が申し込んだ。

> ⚠️ 주의! (시제가 현재일 때)
> 명사 / な형용사 어간 +
> (だ) + とあって

57　〜とあれば　~이라면

접속　동사 / 명사 / 형용사 보통형 + とあれば

相談が必要とあれば、いつでも相談に乗るよ。
あなたの頼みとあれば、協力しないわけにはいかないね。

> ⚠️ 주의! (시제가 현재일 때)
> 명사 / な형용사 어간 +
> とあれば
>
> 📖 같이 알아두기
> 〜とあらば
> ~이라면 (격식체)

58　〜といい〜といい　~도 ~도, ~이며 ~이며

접속　명사 + といい + 명사 + といい

滝沢さんの絵は、表現力といい色合いといい、
大変素晴らしいです。
このパソコンは機能といいデザインといい、他のものよりも
優れている。

59　〜といえども　~이라 할지라도

접속　명사 + といえども

日本人といえども、日本語が分からなくなる時がある。
先生といえども、分からないことだってある。

60　〜といおうか〜といおうか　~라고 할까 ~라고 할까

접속　동사 / 명사 / 형용사 보통형 + といおうか + 동사 / 명사 / 형용사 보통형
　　 + といおうか

個性的といおうか、ユニークな声だといおうか、
とりあえず珍しい声だね。
最近の教育政策は何といおうか、学生のことをよく考えたとは
どうしても思えない。

> ⚠️ 주의! (시제가 현재일 때)
> 명사 / な형용사 어간 +
> といおうか + 명사 / な
> 형용사 어간 + といおうか
>
> 🍎 보너스
> 〜というか〜というか와
> 〜というべきか〜という
> うべきか도 같은 뜻으로
> 쓰여요.
>
> 〜っていうか
> 회화체 / 앞에 나온 말을
> 받아서 화제를 제시할 때
> 사용하기도 해요.

問題3　次の文章を読んで、文章全体の趣旨を踏まえて、 41 から 44 の中に入る最もよいものを、1・2・3・4から一つ選びなさい。

世界的な経済危機 41 、結婚率 42-a 、出生率 42-b 、激しい低下様相を見せています。結婚や出産をしない 43 、それらを「諦めている」と言った方が正確かもしれませんね。その代わり、自分の生活や自己啓発にもっと力を注いでいる人々が増えています。こういう人たちにとって一番大事なのは「自分」であって、今この経済危機の中を「自分」がどうやって生きていけばいいかだけで頭いっぱいなわけです。 44 、昔の価値観などはもう通じないということですね。

41	1 とあれば	2 とあると	3 とあって	4 ところが
42	1 といい	2 といおうか	3 とはいえ	4 といっても
43	1 といっても	2 といい	3 とするが	4 といおうか
44	1 しかし	2 未だかつて	3 すなわち	4 そこで

1 괄호 안에 들어갈 문법 표현으로 알맞은 것을 골라 보세요.

1 私の力が必要(　　)、いつでもお手伝いします。

① にしたら　② とあれば　③ にあれば　④ とすれば

2 夏休み初日(　　)、大学は静かそのものであった。

① とあって　② といって　③ とはいえ　④ といえども

2 다음 문장을 알맞은 순서대로 배열해 보세요.

1 いくら__ __ __ __ことはある。[- - -]

① ばれたく　② といえども　③ ない　④ 親しい関係

2 彼女の父は__ __ __ __。[- - -]

① 驚いた　② 全てが　③ 彼女とそっくりで　④ 顔といい話し方といい

3 다음 빈칸에 들어갈 것으로 알맞은 것을 고르세요.

1 相談が必要(　　)、いつでも相談に乗るね。

① とすれば　② となれば　③ といえば　④ とあれば

2 彼女のアイデアは奇抜(　　)何(　　)、とにかく一般の人には考えられない何かがあった。

① といおうか　② というより　③ といおうが　④ というが

DAY 13 문형체크

61 **〜といったところだ**
1. ~같은 것이다 2. 기껏해야 ~정도이다

접속 1. 명사 + といったところだ

肖像画は、今日でいえば写真といったところだ。
ソウルは韓国の首都で、日本でいえば東京といったところです。

접속 2. 동사 사전형 / 명사 + といったところだ

最低賃金が上がったとしても、せいぜい100円といったところだよ。
バイオリンが弾けるといっても、やっと音を出せるといったところです。

62 **〜といったらない/〜といったらありゃしない**
매우 ~하다

접속 동사 / い형용사 사전형 + といったらない/といったらありゃしない
명사 / な형용사 어간 + (だ) + といったらない/といったらありゃしない

私の国の夏は暑いといったらない。息苦しいくらいだよ。
近くで工事をしているようだが、うるさいといったらありゃしない。

63 **〜と言っても過言ではない** ~라고 해도 과언이 아니다

접속 동사 / 명사 / 형용사 보통형 + と言っても過言ではない

高齢化問題は、もはや日本最大の問題と言っても過言ではない。
スマートフォンは、もう生活必需品になったと言っても過言ではない。

64 **〜といわず〜といわず** ~이며 ~이며 할 것 없이

접속 명사 + といわず + 명사 + といわず

雨といわず雪といわず、彼は毎朝5時に起きて運動をする。
彼女の部屋は、床といわずベッドといわずすべてがピンク色だ。

65 **〜ときたら** ~으로 말할 것 같으면

접속 명사 + ときたら

うちの娘ときたら、部屋は汚いわ、寝坊はするわ、本当に困るわ。
この靴ときたら、すぐ紐が取れてしまうんだよね。まいっちゃう。

📖 **같이 알아두기**

い형용사 기본형 + こと + といったらない/といったらありゃしない

な형용사 어간 + な + こと + といったらない/といったらありゃしない

로도 말할 수 있어요.

⚠️ **주의! (시제가 현재일 때)**

명사/な형용사 어간 + (だ) + と言っても過言ではない

問題1　次の文の（　　　）に入れるのに最もよいものを、1・2・3・4から一つ選びなさい。

1　最近の若者（　　　）、電車内でも平然と長電話をするんだもの。

1　といったところで　　2　といわず　　3　ときたら　　4　といったら

1　괄호 안에 들어갈 문법 표현으로 알맞은 것을 골라 보세요.

1　昼(　　)夜(　　)、カラオケの看板が眩しくて眠れない。
　① ときたら　　② といわず　　③ といおうか　　④ としても

2　今年のボーナスは、1ヶ月の給料分(　　)。
　① といったらない　　② とかだ　　③ といったところだ　　④ というだけだ

2　다음 문장을 알맞은 순서대로 배열해 보세요.

1　満員電車は厄介だ。駅を＿＿　＿＿　＿＿　＿＿。[- - -]
　① といったらありゃしない　　② 降りそびれたり
　③ うっとうしい　　　　　　　④ 人にぶつかったり

2　私が思うに、＿＿　＿＿　＿＿　＿＿。[- - -]
　① 企業になった　　　　　　　② 日本を代表する
　③ と言っても過言ではない　　④ もうこの企業は

3　다음 빈칸에 들어갈 것으로 알맞은 것을 고르세요.

1　「お母さん(　　)、また買い物行ってないでしょう？おかずがちくわだけとか寂しすぎる！」
　① ときては　　② ときたら　　③ ときては　　④ ときても

2　もうそれは、昔の物になった(　　)。
　① と言っても過言ではない　　② といおうか
　③ というか　　　　　　　　　④ といったらありゃしない

151

DAY 14　 문형체크

66　〜ところ(を)　~한 중에, ~한데도

접속　명사 + の + ところ(を)
　　　 い형용사 사전형 + ところ(を)

本日はお忙しいところお越しいただき、
誠にありがとうございます。
お休みのところ、失礼いたします。

> 🍎 **보너스**
> (私・こちらから)〜べきところとも 말해요.

> 💡 **Tip!**
> 忙しい・お休み・遠い・ご多忙・お急ぎ 등의 단어와 같이 쓰이는 경우가 많아요.

67　〜として/にあるまじき　~해서는 안 될

접속　명사 + として/にあるまじき + 명사

不正な政治資金の受け取りは、政治家としてあるまじき行為だ。
児童を差別することは、先生にあるまじき行為だ。

68　〜とは　~이라니!, ~하다니!

접속　동사 / 명사 / 형용사 보통형 + とは

高いブランドだということは分かっていたけど、
小さい財布が10万円とは驚きだ。
スマートフォンの画面は割れやすいと知ってはいたけど、
こんなに粉々になるとは。

> ⚠️ **주의! (시제가 현재일 때)**
> 명사 / な형용사 어간 + (だ) + とは

69　〜ともなれば/ともなると　~정도가 되면

접속　명사 + ともなれば/ともなると

サッカーに興味がない人でも、ワールドカップともなれば
興味を持つものだ。
高校生ともなると、自分の言いたいことははっきり言うようにならないと。

70　〜ないまでも　~까지는 하지 않더라도

접속　동사 ない형 + までも

運動が嫌いとは言わないまでも、そこまで好きでもないよ。
頑張って日本語を勉強して、今は全部読めるとは言えないまでも、日本の新聞の内容が大体分かるようになった。

問題2　次の文の★に入る最もよいものを、1・2・3・4から一つ選びなさい。

1　　いくら眠いとはいえ、＿＿ ＿＿ ＿＿ ★。

1　平気で眠れる人が　　　　　　　2　こんなに冷たいところで
3　いるとは　　　　　　　　　　　4　驚きの極みだ

---

1 괄호 안에 들어갈 문법 표현으로 알맞은 것을 골라 보세요.

1 ご多忙の(　　　)、失礼いたします。
　① ところが　　② ところの　　③ ところか　　④ ところを

2 成績などで学生を差別するのは、先生(　　　)行為だ。
　① をしてまじき　② にあるまじき　③ によってまじき　④ をなってまじき

2 다음 문장을 알맞은 순서대로 배열해 보세요.

1 みんな遊ぶことが好きそうだったが、＿＿ ＿＿ ＿＿ ＿＿。[- - -]
　① いろいろ悩むものだ　　　　　② 進路のことで
　③ いざ受験生　　　　　　　　　④ ともなれば

2 ＿＿ ＿＿ ＿＿ ＿＿、もう高校生だから、しっかりしててね。[- - -]
　① 勉強だけ　　② しなさい　　③ とは　　④ 言わないまでも

3 다음 빈칸에 들어갈 것으로 알맞은 것을 고르세요.

1 私より優秀な人がたくさんいたのに、私が学生代表として選ばれる(　　　)。
　① とはだ　　② とかだ　　③ とは　　④ とか

2 それは、政治家(　　　)行為です。
　① としてあるまじき　② となってあるまじき　③ にしてするまじき　④ にとってあるまじき

DAY 15　문형체크

71　〜ないものか　~할 수 없는 것인가?

접속　동사 ない형 + ものか

このラーメン、辛すぎた。このピリピリする舌、
何とかならないものか。
紛争地域の子供のために、何かもっと現実的な支援は
できないものか。

보너스
〜ないものだろうか
(でしょうか)라고도 할 수 있어요.

72　〜ながら(に)　~하면서

접속　동사 ます형 / 명사 + ながら(に)

彼は、苦労してきた子供時代のことを、涙ながらに話した。
三木本くんは、生まれながら非凡だったという。

보너스
〜ながらの+명사
~하면서부터의 명사

💡 **Tip!**
生まれる・昔・涙등의 단어와 함께 쓰이는 경우가 많아요.

73　〜なくして(は)　~없이(는)

접속　명사 + なくして(は)

「苦痛なくして成功なし」と言うが、
必ず苦痛を経験しなければならないのか。
責任なくしては自由なし。

74　〜なしに(は)　~없이(는)

접속　동사 사전형 + こと + なしに(は)
　　　명사 + なしに(は)

努力することなしに勝利もない。
ライバルへの徹底的な分析なしに勝利はあり得ない。

75　〜なら〜で　~이면 ~이라고

접속　동사 / 명사 / 형용사 보통형 + なら + 동사 / 명사 / 형용사 보통형 + で

来るなら来るで、連絡くらい入れなさいよ。
買ってほしいなら買ってほしいで、ちゃんと言ってくれればよかったのに。

⚠️ **주의! (시제가 현재일 때)**
명사 / な형용사 어간 + なら + 명사 / な형용사 어간 + で

問題3　次の文章を読んで、文章全体の趣旨を踏まえて、41 から 44 の中に入る最もよいものを、1・2・3・4から一つ選びなさい。

私はひどいアレルギー性鼻炎(びえん)である。もう生まれ 41 のもので、特に乾燥する春や秋になると目も開けていられないくらいひどくなる。本当に厄介(やっかい)なもので、鼻炎(びえん)がひどくなると本当に何とか 42 、と思ってしまう。いつもアレルギー薬を持っていなければならないことも大変だ。もう、薬 43 生きていけないくらいだ。 44 これが収まるのだろうか。

41　1　なかれ　　　　2　ながら　　　　3　ついて　　　　4　つく
42　1　なれるものか　2　ならないものか　3　なくならないのか　4　なくなるものか
43　1　なしは　　　　2　なしの　　　　3　なしには　　　　4　なしからは
44　1　どうなれば　　2　どうすれば　　3　どうなると　　　4　どうやって

---

1 괄호 안에 들어갈 문법 표현으로 알맞은 것을 골라 보세요.

1 体調が悪い(　　)悪い(　　)早く話してくれればよかったのに。
　① なら、ば　　② なら、で　　③ なら、に　　④ なら、の

2 このくせ毛(げ)、なんとか(　　)。
　① ならないものか　② なれるものか　③ なるのか　④ なれるものだろうか

2 다음 문장을 알맞은 순서대로 배열해 보세요.

1 その音楽家は、歌のことが＿＿ ＿＿ ＿＿ ＿＿。［ - - - ］
　① にっこりと笑った　② 昔ながらに　③ 大好きだった　④ と言っては

2 ＿＿ ＿＿ ＿＿ ＿＿。［ - - - ］
　① なくしては　　② 努力　　③ 成功も　　④ ない。

3 다음 빈칸에 들어갈 것으로 알맞은 것을 고르세요.

1 「負けたくない、勝ち続けたい」というけど、それは傲慢(ごうまん)な言葉だ。「負ける(　　)は勝利もない」からだ。
　① なくしては　② なくして　③ なしに　④ ことなしに

2 来る(　　)来る(　　)、連絡してくれたらお茶でも用意してたはずなのに。
　① たら、で　② たら、に　③ なら、で　④ なら、の

DAY 16 문형체크

76 〜ならいざしらず ~라면 몰라도

접속 동사 / 명사 / 형용사 보통형 + ならいざしらず

ユンさんみたいに日本語が上手ならいざしらず、私には
日本語の翻訳とか無理です。
30年前ならいざしらず、今はインターネットの発達で
リモートワークでも仕事がスムーズにできるのだ。

> ⚠️ **주의! (시제가 현재일 때)**
> 명사 / な형용사 어간 + ならいざしらず
>
> 🍊 **보너스**
> 〜ならともかく、
> 〜ならまだしも도 같은
> 의미입니다.

77 〜ならではの ~만의, ~고유의

접속 명사 + ならではの + 명사

人はみな、その人ならではの魅力を持っている。
京都(きょうと)ならではの雰囲気が感じられます。

78 〜なり ~하자마자

접속 동사 사전형 + なり

娘「お母さんのせいで恥かいた！」母「何よ、この子は、
家に帰るなり。」
彼女は電話に出るなり、涙声で叫んだ。

79 〜なり〜なり ~든지 ~든지

접속 명사 / 동사 사전형 + なり + 명사 / 동사 사전형 + なり

頭が痛いなら、薬を飲むなり、病院に行くなりすれば？
動物虐待をなくしたいなら、基準を厳しくするなり、
何なりして、動物を守るべきだ。

80 〜なりに ~나름대로

접속 동사 / 명사 / 형용사 보통형 + なりに

私なりに、必死で考えて出した結論です。
息子なりに、いろいろ考えた末、独立しようとしたんだろう。

> ⚠️ **주의! (시제가 현재일 때)**
> 명사 / な형용사 어간 +
> なりに
>
> 🍊 **보너스**
> 〜なりの + 명사
> ~나름대로의 명사

問題1　次の文の（　　）に入れるのに最もよいものを、1・2・3・4から一つ選びなさい。

1　大学に行く（　　）、就職する（　　）、とにかくもう独立して。

1　たり　　　　2　なり　　　　3　あり　　　　4　なりの

1 괄호 안에 들어갈 문법 표현으로 알맞은 것을 골라 보세요.

1 ステーキなら(　　)、ミートボールでは足りないんだよ。
① いざしらず　② ではの　③ まじき　④ とりわけ

2 姉は、家に帰る(　　)、ずっと部屋にこもっている。
① にして　② につれ　③ なり　④ に沿い

2 다음 문장을 알맞은 순서대로 배열해 보세요.

1 ＿　＿　＿　＿。魅力的でしょう？[　-　-　-　]
① この通りを歩いていると　② 京都ならではの
③ 独特な街並みを　④ 楽しめます

2 とても不器用な花束だけど、＿　＿　＿　＿。[　-　-　-　]
① と考えると　② 頑張って作ってくれた
③ 彼なりに　④ 胸が熱くなった

3 다음 빈칸에 들어갈 것으로 알맞은 것을 고르세요.

1 今日はあなたの誕生日だから、ステーキ(　　)パスタ(　　)、好きなものを頼んでいいよ。
① なりの、なりの　② なり、なり　③ だり、たり　④ たり、たり

2 沖縄(　　)料理といえば、チャンプルがありますね。
① ならから　② ならでは　③ ならではの　④ ならからの

DAY 17 문형체크

81 〜にひきかえ ~와는 달리

접속 동사 / 명사 / 형용사 보통형 + (の) + にひきかえ

この町の人口数は5万人であるのにひきかえ、向こうの町は15万人もいる。

水害の際、政府の対応は遅かったのにひきかえ、民間団体は素早い対応で目立った。

⚠️ **주의! (시제가 현재일 때)**

명사 + (である) + (の) + にひきかえ

な형용사 어간 + な/である + の + にひきかえ

82 〜に(は)あたらない ~할 필요 없다

접속 동사 사전형 / 명사 + に(は)あたらない

わざわざ空き瓶を持ってくるにはあたらない。

一回負けたくらいで、落ち込むにはあたらないよ。

🍊 **보너스**

'~할 정도는 아니다'란 의미도 있어요.

驚くにはあたらない。

83 〜に(は)及ばない 1. 할 필요 없다 2. ~에는 미치지 않다

접속 1. 동사 사전형 / 명사 + に(は)及ばない

簡単すぎる公式だから、説明には及ばないよね。

たくさん歩いたから、今日は運動するには及ばないね。

접속 2. 명사 + に(は)及ばない

いくら頑張っても、彼の言語能力には及ばない。

おふくろの味には及ばないが、それでも結構おいしいよ。

84 〜に〜ない ~하려고 해도 ~할 수 없다

접속 동사 사전형 + に + 동사 가능형 + ない

猫が私の腕の上で寝ているので、腕を動かすに動かせない。

スマートフォンを母に没収されて、泣くに泣けない。

85 〜にあって(は/も) ~에서(는/도)

접속 명사 + にあって(は/も)

ウイルスの大流行にあって、マスク着用が義務化された。

災害という緊急事態にあって、慌てずに冷静に動かなければならない。

問題2　次の文の★に入る最もよいものを、1・2・3・4から一つ選びなさい。

[1]　高橋(たかはし)さんは★ ＿＿ ＿＿ ＿＿。

1　落ち着いている　　2　のにひきかえ　　3　彼の父はだいぶ　　4　慌て者だ

---

1 괄호 안에 들어갈 문법 표현으로 알맞은 것을 골라 보세요.

1 いくら頑張っても、松井(まつい)さん(　　　)。

① にはみたない　　② には及ばない　　③ にはすまない　　④ にしてまじき

2 あの展示会、期待していたけれど、時間がなくて行く(　　　)行けなかったよ。

① に　　② で　　③ の　　④ を

2 다음 문장을 알맞은 순서대로 배열해 보세요.

1 ＿＿ ＿＿ ＿＿ ＿＿。[- - -]

① 当然のことだから　　　　② 助けるのは
③ 感謝するにあたらない　　④ 困った人を

2 あ、いいえ、＿＿ ＿＿ ＿＿ ＿＿。[- - -]

① お礼を言うには　　② 及びません　　③ しただけですから　　④ 当たり前なことを

3 다음 빈칸에 들어갈 것으로 알맞은 것을 고르세요.

1 大人しくて落ち着いた感じの妻(　　　)、旦那は行動も荒くて声もでかい。とても似ておらず、面白い夫婦だ。

① にかぎりなく　　② にかこつけて　　③ にひきかえ　　④ に代わって

2 災害(　　　)、冷静に物事を把握し、素早く避難することが大事だ。

① にそなえて　　② によって　　③ にあって　　④ におうじて

DAY 18  문형체크

86　〜に至(いた)っては　~에 이르러서는

접속　명사 + に至(いた)っては

「通信販売を利用する」と答えた人は40代が20%、30代が40%、20代に至(いた)っては60%だった。
コメディを見に来た男性は25%で、アクション映画を見に来た男性に至(いた)っては65%だった。

87　〜に至(いた)るまで　~에 이르기까지

접속　명사 + に至(いた)るまで

就職面接にあたって、先生に話し方から目線の置き場所に至(いた)るまで教えてもらった。
この博物館は韓国の高麗(こうらい)時代から朝鮮(ちょうせん)時代に至(いた)るまでの遺物(いぶつ)が展示されている。

88　〜に言(い)わせれば/〜に言(い)わせると　~의 의견으로는

접속　명사 + に言(い)わせれば/に言(い)わせると

私に言(い)わせれば、その件は簡単に解決できそうだけどね。
店員に言(い)わせると、こっちの方がこの店の人気メニューだそうだよ。

89　〜にかかわる　~에 관계된

접속　명사 + にかかわる

命にかかわるケガをしてしまいました。
私は、教育にかかわる仕事をしています。

90　〜にかこつけて　~을/를 구실로

접속　명사 + にかこつけて

あの子、体調が悪いことにかこつけて、家でごろごろしているようだよ。
流行にかこつけて、また高いブランド品買ったんだね。

📖 **같이 알아두기**

동사 사전형 / 명사 + に至(いた)って
~에 이르러

問題3　次の文章を読んで、文章全体の趣旨を踏まえて、 41 から 44 の中に入る最もよいものを、1・2・3・4から一つ選びなさい。

本屋に行く人が少なくなっている。「本屋によく行く」と答えた人は30代が30％で、10代 41 たった10％だった。本屋に行かない理由1位は、「楽しくないから」だった。しかし、 42 、本屋ほど楽しいところもない。文学から旅行書籍に 43 様々なジャンルの冒険ができる。この楽しさを、誰も分からないことが悲しかった。そのためか、最近「デジタル化」 44 消えていく本屋を見ていると、とても悲しい気分になる。

41	1 に至るまでは	2 に至っては	3 の至るまでは	4 に至るには
42	1 私に言わせれば	2 私に言わせば	3 私に言うと	4 私から言えば
43	1 至るまで	2 至りつつ	3 至りつつあり	4 至って
44	1 にかこつけて	2 にかたづけて	3 にかついて	4 にかかわって

1 괄호 안에 들어갈 문법 표현으로 알맞은 것을 골라 보세요.

1 引きこもる若者の増加(　　　)、ようやく政府はリハビリプログラムを企てた。

① に至ってから　② に至ることにより　③ に至って　④ に至るまでは

2 この病院では、軽い風邪からガンなどの重い病気(　　　)、様々な病気を扱っている。

① に至ってから　② に至っては　③ に至るまで　④ に至り

2 다음 문장을 알맞은 순서대로 배열해 보세요.

1 ＿＿　＿＿　＿＿　＿＿重要なところである。[- - -]

① 私に言わせれば　　　　② 学校はただ
③ 勉強するところではなく　④ 社会性を身につける

2 私は、＿＿　＿＿　＿＿　＿＿。[- - -]

① 思っています　② 仕事がしたいと　③ 将来　④ 英語にかかわる

3 다음 빈칸에 들어갈 것으로 알맞은 것을 고르세요.

1 息子は、教育用動画の視聴(　　　)、ずっとスマートフォンをいじっている。

① にかけて　② にかかって　③ にかこつけて　④ にかけては

2 店の人(　　　)、新しい携帯電話を買った方がいいらしい。

① に言わせれば　② に言うと　③ に言い出せば　④ に言わば

DAY 19 　문형체크

91　〜にかたくない　~하기에 어렵지 않다, ~하고도 남다

접속　동사 사전형 / 명사 + にかたくない

突然大事にしていたものがなくなった人の気持ちは想像にかたくない。

これまでのキャリアを捨てて、新しい道へ行こうとする人の不安は想像にかたくない。

92　〜に越したことはない　~하는 것이 제일이다

접속　동사 사전형 / ない형 / 명사 + に越したことはない
　　　い형용사 사전형 + に越したことはない
　　　な형용사 어간 + に越したことはない

体力をつけるためには、休まず運動することに越したことはないです。

災害からの被害を最少化するためには、最初から災害に備えて建物を建築するに越したことはない。

93　〜にして　~에, ~서야

접속　명사 + にして

孔子は、「四十にして惑わず」と言った。

彼は交通事故に遭ったが、幸いにして命を救われた。

 보너스

명사 / な형용사 어간 + にしては '~인 동시에'라는 의미도 갖고 있어요.

彼は有名アイドルにして、ベストセラーを出した小説家でもある。

94　〜にしてはじめて　~이기에 비로소

접속　명사 + にしてはじめて

これは、長年児童の行動問題について研究してきた片山博士にしてはじめて話せるものだ。

この役は、長年演技をしながら経験を積んできた俳優にしてはじめてできるものだ。

95　〜にすれば　~이라면, ~의 입장에서는

접속　명사 + にすれば

料理ができない人にすれば、おにぎりを作ることさえも難しい。

家事をする側にすれば、洗濯ほど面倒なものはない。

 보너스

〜にしたら
회화체

問題1　次の文の（　　）に入れるのに最もよいものを、1・2・3・4から一つ選びなさい。

1　今枝（いまえだ）さんは試験前に遊んでばかりいた。試験の結果は予測に（　　　）。

1　かりて　　　　2　かたきりに　　　3　かたくない　　　4　がたい

1 괄호 안에 들어갈 문법 표현으로 알맞은 것을 골라 보세요.

1 給料は、多いに(　　　)。
① 越したことだ　② 越したものだ　③ 越したものはない　④ 越したことはない

2 砂の城は、波によって一瞬に(　　　)崩れてしまった。
① して　　　② しては　　　③ したら　　　④ しても

2 다음 문장을 알맞은 순서대로 배열해 보세요.

1 昔から＿＿ ＿＿ ＿＿ ＿＿、絶対参加したいわけである。[- - -]
① 今回のセミナーは　② この現象を　③ 人にすれば　④ 研究してきた

2 ＿＿ ＿＿ ＿＿ ＿＿。[- - -]
① 予測するに　　② 彼女が　　③ 転職した理由は　　④ かたくない

3 다음 빈칸에 들어갈 것으로 알맞은 것을 고르세요.

1 災害で娘を亡くした家族の気持ちは、(　　　)。もうこんな悲しいことが起きないようにするべきだ。
① 想像にかたくない　　　　② 想像にかたい
③ 想像にかたいのだ　　　　④ 想像せざるを得ない

2 母へのプレゼントで悩む時は、お金を渡す(　　　)。自分で好きなものが選べるから。
① に越したことはない　　　② に越したものだ
③ に越したことだ　　　　　④ に越したものはない

DAY 20 📋 문형체크

96 〜に即(そく)して   ~에 입각하여
접속 명사 + に即(そく)して

実情に即して作られた、もっと現実的な環境問題の解決策が必要な時期だ。
この番組は、事実に即して作られました。

🍎 **보너스**
〜に即(そく)した + 명사
~에 입각한 명사

97 〜にたえない   차마 ~할 수 없다
접속 동사 사전형 / 명사 + にたえない

その事件はあまりにもひどすぎたので、ニュースを見るにたえなかった。
読むにたえないほどのひどいコメントを、芸能人のSNSに書き込むのはやめて。

🍎 **보너스**
명사 + にたえない는
'매우~하다'라는 뜻으로도 쓰여요.

そのニュースを聞いて、私は涙にたえなかった。

98 〜にたる   ~할 만한
접속 동사 사전형 / 명사 + にたる + 명사

入居するにたる方だと思いますので、契約を進めたいです。
彼の作品は、読むにたる内容であふれ出していますので、最優秀賞となりました。

99 〜にとどまらず   ~에 그치지 않고
접속 동사 / 명사 / 형용사의 보통형 + にとどまらず

このアニメーションは、子供にとどまらず、大人にもとても人気があります。
日本にとどまらず、世界の子供のための支援をしていきたいと思います。

⚠️ **주의! (시제가 현재일 때)**
명사 / な형용사 어간 +
(である) + にとどまらず

100 〜にのぼる   ~에 달하다, ~에 오르다
접속 명사 + にのぼる

倉庫の中の物は、古い物で70年にものぼっていた。
この会社の総利益は、50億円にのぼるという。

問題2　次の文の★に入る最もよいものを、1・2・3・4から一つ選びなさい。

[1]　調査によりますと、＿＿　＿＿　★　＿＿とのことです。

1　被害者の数は　　2　これまでの　　3　300人に　　4　のぼる

---

1 괄호 안에 들어갈 문법 표현으로 알맞은 것을 골라 보세요.

① 今回の台風の被害は、5,000万円(　　)。
　① に即した　　② にのぼった　　③ に限った　　④ にかかった

② 実情(　　)即した、もっと現実的な教育政策を立てることが必要だ。
　① を　　② で　　③ に　　④ の

2 다음 문장을 알맞은 순서대로 배열해 보세요.

① ＿＿　＿＿　＿＿　＿＿。[- - -]
　① あの先生は　　　　　　② 学問的にも人間的にも
　③ 方だと思います　　　　④ 尊敬にたる

② ＿＿　＿＿　＿＿　＿＿。[- - -]
　① 彼の歌は　② あまりにもひどく　③ くらいだった　④ 聞くにたえない

3 다음 빈칸에 들어갈 것으로 알맞은 것을 고르세요.

① イラストを集め、自分好みのイラストを作ってくれるAI技術ができた。これらは著作権侵害のおそれがあるので、法律に(　　)厳しく規制するべきだ。
　① 即して　　② 伴い　　③ 即した　　④ 応じた

② 私は、日本(　　)、世界で評価される映画を作りたい。
　① にとどまっては　② にとどまるまでに　③ にとどまり　④ にとどまらず

165

DAY 21 문형체크

101 〜にもほどがある ~하는 데도 정도가 있다

접속 동사 / 명사 / 형용사 보통형 + にもほどがある

我慢するにもほどがある。
夜の2時に電話をかけてくるなんて、非常識にもほどがある。

⚠️ **주의! (시제가 현재일 때)**
명사 / な형용사 어간 +
にもほどがある

102 〜にもまして ~보다 더

접속 명사 + にもまして

出生率の推移は、例年にもまして低下している。
京都は桜も綺麗だが、それにもまして梅の季節は素晴らしい。

🍊 **보너스**
의문사 + にもまして
의문사보다도 더

103 〜によるところが大きい
~에 의한 바가 크다, ~에 힘입은 바가 크다

접속 명사 + によるところが大きい

彼女の社会的な成功は、家族たちの献身によるところが大きい。
「可愛い」とか「きれいだ」というものは、主観によるところが大きい。

104 〜の至りだ ~하기 그지없다, ~의 극치이다

접속 명사 + の + 至りだ

私のためにこんな素晴らしいパーティーをしてくれるなんて、感激の至りだ。
このように受賞ができるとは、まさに光栄の至りです。

🍊 **보너스**
若気の至り
젊은 혈기

105 〜の極みだ 매우 ~하다, 최고로 ~하다

접속 명사 + の + 極みだ

ベルサイユ宮殿は、まさに美の極みだと言える。
毎日お風呂に入って、おいしい料理も食べられて、何の心配もなくふわふわなベッドで寝られるなんて、贅沢の極みだ。

🍊 **보너스**
感激・贅沢・美・痛恨
등의 단어와 함께 쓰여요.

問題3　次の文章を読んで、文章全体の趣旨を踏まえて、41から44の中に入る最もよいものを、1・2・3・4から一つ選びなさい。

…(前略)…ここでの生活は天国のようなものだった。食べたことのないご馳走してもらって、それだけでも十分 41 だというのに、食事が終わったらゆっくりお風呂まで入れる。 42 、私を楽しくさせるのは、ふわふわしたベッドで寝られることだ。「贅沢 43 !」と、貧乏人(びんぼうにん)だった私は一人で叫びながらも、この生活にすっかり慣れてしまった。まさに、幸せの 44 。

41　1 痛恨(つうこん)の極み　2 美(び)の極み　3 贅沢の極み　4 楽しさの極み
42　1 それにもまして　2 これにもまして　3 どれにもまして　4 いつにもまして
43　1 にもほどはない　2 にもほどがある　3 にもくらいがある　4 にはほどがない
44　1 至りか　　　　2 至りの　　　　3 至りだ　　　　4 至りだった

1　괄호 안에 들어갈 문법 표현으로 알맞은 것을 골라 보세요.

① 昨日の結婚式では、祝詞(しゅくし)の言葉を忘れてしまい、赤面の(　　)でした。
　① 至り　　② 極む　　③ 極まりない　　④ 極まる

② キャビアの載ったステーキなんて、まさに贅沢の(　　)だ。
　① 至りだ　② 至って　③ 至るの　④ 極み

2　다음 문장을 알맞은 순서대로 배열해 보세요.

① こんなに研究の___ ___ ___ ___。[- - -]
　① 頑張ってくれたこと　② 成果がよかったのは
　③ によるところが大きいです　④ 研究室のみんなが

② ___ ___ ___ ___。[- - -]
　① ものだよ　② にもほどがある　③ あげること　④ 甘やかして

3　다음 빈칸에 들어갈 것으로 알맞은 것을 고르세요.

① こんなに国民の方々に応援してもらえて、光栄(　　)です。
　① の極まりない　② の至り　③ の嬉しさ　④ の極まる

② 今回のN1の試験は、前回(　　)難しかった。
　① にもまして　② にもつけて　③ につけ　④ について

167

DAY 22  문형체크

106 〜のをいいことに ~을/를 핑계삼아

접속 동사 / 명사 / 형용사 보통형 + のをいいことに

息子は足をケガしたのをいいことに、ずっと家でゲームばかりしている。
彼女は体が弱いのをいいことに、何も手伝ってくれなかった。

⚠ 주의! (시제가 현재일 때)

명사 / な형용사 어간 + な + のをいいことに

107 〜は/もしない ~하지는(도) 않다

접속 동사 ます형 + は/もしない

彼女は、私の方は見もしなかった。
あんな高いところに猫がいるなんて！落ちはしないか心配になる。

🍎 보너스

〜は/もせず
~하지는(도) 않고

108 〜は言うに及ばず ~은/는 말할 것도 없고

접속 명사 + は言うに及ばず

彼は、学歴は言うに及ばず、職業もいい。
週末は、テーマパークは言うに及ばず、近くの公園まで賑わっていた。

109 〜はおろか〜ない ~은/는커녕 ~ 않다

접속 명사 + はおろか + 명사 + も/さえ/まで/すら + 〜ない

彼女は、クーラーはおろか、扇風機さえめったに付けない。
腰を痛めて、起き上がることはおろか、ベッドに横になることすらできない。

110 〜ばかりになっている ~하기만 하면 된다

접속 동사 사전형 + ばかりになっている

もう種は撒いた。後は、収穫を待つばかりになっている。
もう準備は終わった。後は、出撃するばかりになっている。

問題1　次の文の（　　　）に入れるのに最もよいものを、1・2・3・4から一つ選びなさい。

1　表現の自由を（　　　）、人のことを中傷してはいけないよ。

1　いいことの　　　2　いいことに　　　3　いいことを　　　4　いいことで

---

1 괄호 안에 들어갈 문법 표현으로 알맞은 것을 골라 보세요.

① あんなに頑張って勉強したもの。落ち（　　　）しないよ。
　① は　　　② を　　　③ で　　　④ の

② 父は私を見（　　　）せず、通り過ぎてしまった。
　① に　　　② を　　　③ も　　　④ で

2 다음 문장을 알맞은 순서대로 배열해 보세요.

① よし、掃除は全部終わった。__ __ __ __。[- - -]
　① 待つばかりになっている　　② 石田さんが
　③ 来るのを　　　　　　　　　④ あとは

② 彼は、__ __ __ __。[- - -]
　① こたつさえも　② 暖房はおろか　③ 使わないという　④ 真冬にも

3 다음 빈칸에 들어갈 것으로 알맞은 것을 고르세요.

① 自分で調べ（　　　）せず、質問するのはダメです。自分で調べてから聞いてください。
　① に　　　② も　　　③ へ　　　④ と

② 会社に私しかいない（　　　）、音楽を流しながら働いているところに、突然、ドアが開いたのだ。
　① のをいいことで　② のをいいことから　③ のをいいことに　④ のをいいことの

DAY 23 📝 문형체크

111 〜ばきりがない ~하면 끝이 없다

접속 동사 ば형 + きりがない

どうして別れたのか、いちいち取り上げれ**ばきりがない**。
彼女のどこが好きかと言え**ばきりがない**。

⚠️ 보너스
〜ばいい
~하면 된다

112 〜ばこそ ~이기에, 때문에

접속 동사 ば형 + こそ

あなたがいれ**ばこそ**、私は勇気が出せるのよ。
君の将来を考えれ**ばこそ**、こういうことを言うのだ。

113 〜べからざる ~해서는 안 될

접속 동사 사전형 + べからざる + 명사

詐欺行為は、絶対許す**べからざる**行為なのだ。
水は、人間が生きていく上で欠く**べからざる**ものだ。

⚠️ 주의!
する → するべからざる、
すべからざる

114 〜べからず ~하지 말 것

접속 동사 사전형 + べからず

構内で喫煙をする**べからず**。
試験中、携帯電話を持ち込む**べからず**。

⚠️ 주의!
する → するべからず、
すべからず

115 〜べく ~하기 위해

접속 동사 사전형 + べく

野生動物の住む環境を改善する**べく**、
私たち研究員は研究に取り組んでいます。
シェアキックボードによる事故を無くす**べく**、
関係者のみんなが集まって話し合った。

⚠️ 주의!
する → するべく、すべく

問題2　次の文の★に入る最もよいものを、1・2・3・4から一つ選びなさい。

1　　★＿＿＿＿＿＿＿＿ことです。

1　べからざる　　　2　いじめるのは　　　3　絶対にする　　　4　友達を

---

1 괄호 안에 들어갈 문법 표현으로 알맞은 것을 골라 보세요.

1 子供の将来を（　　　）こそ、もっといい学区に引っ越すのだ。
　① 考えない　　② 考えれば　　③ 考える　　④ 考えた

2 どうして会社を辞めたのか話し出せば（　　　）。
　① きりでない　　② きりがない　　③ きりにない　　④ きりがある

2 다음 문장을 알맞은 순서대로 배열해 보세요.

1 ＿＿＿＿＿＿＿＿。[- - -]
　① 必ず成功します　　　　② あればこそ
　③ 今回のプロジェクトは　　④ 貴社のご協力が

2 どんなことが＿＿＿＿＿＿＿＿。[- - -]
　① あっても　　② するべからざる　　③ ことです　　④ 飲酒運転は

3 다음 빈칸에 들어갈 것으로 알맞은 것을 고르세요.

1 今年の大会でこそ優勝する（　　　）、部員たちは頑張って練習した。
　① べからず　　② べき　　③ べからざる　　④ べく

2 「ここに貼っているのじゃないですか。街で喫煙する（　　　）、と。」彼女は私に向かって言った。
　① べき　　② べからず　　③ べく　　④ べからざる

DAY 24 문형체크

116 〜べくして ~할 만해서
접속 동사 사전형 + べくして

起こるべくして起こった事件なんだ。忘れろ。
デザインといい、燃費といい、いいところばかりだから、
あの車は売れるべくして売れたのだ。

⚠️ 주의!
する → するべくして、
すべくして

117 〜べくもない ~할 수 없다
접속 동사 사전형 + べくもない

彼女を疑ったこともあったが、あんなに素直な目で見ている
彼女を見ると、疑うべくもない。
そんなことを聞いた時の親の気持ちを、子供だった私が
分かるべくもなかった。

⚠️ 주의!
する → するべくもない、
すべくもない

118 〜ほど(のこと)ではない ~할 만한 것은 아니다
접속 동사 사전형 + ほど(のこと)ではない

あ、これくらい、いつもあるものだから。
そんなに驚くほどではないよ。
その仕事、そこまで頑張るほどでもないんだけど…。

119 〜まくる 마구~하다, 계속~하다
접속 동사 ます형 + まくる

須田くん、夏休みに旅行に行きたいからって、バイトを
しまくっていたよ。
初めて日本に来たのだから、日本料理、食べまくってやる。

120 〜までになる ~할 정도가 되다
접속 동사 사전형 + までになる

息子は、いつの間にか僕の身長を超えるまでになった。
ハンさんは、日本語で作文ができるまでになった。

📖 같이 알아두기

い형용사 + までに
な형용사 어간 +な + までに
~할 정도로

見事なまでに色づいた
紅葉

〜までして
~하면서까지
盗作までして

問題3　次の文章を読んで、文章全体の趣旨を踏まえて、 41 から 44 の中に入る最もよいものを、1・2・3・4から一つ選びなさい。

ダイエットを成功させた後、「ダイエットも終わったから、 41 !」と思う方もいると思います。しかし、そういった「暴食（ぼうしょく）」は、やめた方がいいです。ダイエットが終わったばかりの体は、まだ「暴食（ぼうしょく）に耐えられる」 42 とは言えません。この時期は、やっと健康な食習慣に慣れていく時期です。 43 暴食（ぼうしょく）してしまいますと、病気になりかねません。暴食（ぼうしょく）は、あえてするほど 44 。

41	1 食べ終わろう	2 食べずにいよう	3 食べまくろう	4 食べ続けよう
42	1 までになった	2 までにした	3 までになる	4 までにする
43	1 それでは	2 ゆえに	3 そのゆえ	4 それなのに
44	1 のことではないです		2 のことです	
	3 のことではあります		4 です	

1 괄호 안에 들어갈 문법 표현으로 알맞은 것을 골라 보세요.

1 アメリカが世界の経済の中心だということは、疑う(　　　)。
① べくもない　② べく　③ べきには　④ べくして

2 成功する(　　　)成功したのだ。誇りに思え。
① べく　② べくして　③ べからず　④ べくもない

2 다음 문장을 알맞은 순서대로 배열해 보세요.

1 あのゲーム、__ __ __ __。[- - -]
① 毎日する　② だからといって　③ ほどではない　④ 面白くないことはないが

2 無理だよ。__ __ __ __。[- - -]
① 何人集まろうと　② 玄人にかなう　③ べくもないよ　④ 素人が

3 다음 빈칸에 들어갈 것으로 알맞은 것을 고르세요.

1 一生懸命に練習し、ライバルを分析した。私たちは、勝つ(　　　)勝ったのだ。
① べく　② べからざる　③ べくして　④ べくもない

2 私は本ならジャンルも何も関係なく(　　　)。
① 読みそびれた　② 読みまくった　③ 読み続けた　④ 読み始めた

DAY 25 　📋 문형체크

121　〜までもない　~할 것도 없다

접속　동사 사전형 + までもない

その後、彼がどうなったかは、言うまでもない。
その問題は簡単すぎたので、先生に聞くまでもなかった。

122　〜まみれ　~투성이

접속　명사 + まみれ

古い倉庫を掃除したら、体中が埃(ほこり)まみれになった。
夏場に3周もグラウンドを走ったら、汗まみれになった。

123　〜めく　~다워지다, ~의 경향을 띠다

접속　명사 + めく

「本当に好きなんだよ？」彼は、冗談めいた言葉でそう言うと、席に戻った。
だんだん春めいてきたね。

124　〜もさることながら　~도 그러하지만

접속　명사 + もさることながら

少子化の原因は、経済悪化もさることながら、結婚への認識の変化にもある。
風邪を引かないためには、ビタミンCの補給もさることながら、きちんと睡眠を取ることも必要だ。

125　〜ものを　~할 텐데

접속　동사 / 명사 / 형용사 보통형 + ものを

もうちょっと早く来れば食べられたものを、目の前で逃してしまった。
もう少し温かくなってから出かければいいものを、こんな寒い中行くから、風邪引くんだよ。

📙 **보너스**

〜までもなく
~할 것도 없이

〜までは言わないが
~까지는 말하지 않겠지만

💡 **Tip!**
汗・ほこり・油・泥등의 단어와 함께 쓰여요.

📙 **보너스**

명사 + めいた + 명사
~다워지는 명사

⚠️ **주의! (시제가 현재일 때)**

명사 / な형용사 어간 + な + ものを

問題1　次の文の（　　）に入れるのに最もよいものを、1・2・3・4から一つ選びなさい。

1　掃除をしたら、ほこり（　　）になった。

1　ずくめ　　　　2　まぬれ　　　　3　まみれ　　　　4　づくし

---

1 괄호 안에 들어갈 문법 표현으로 알맞은 것을 골라 보세요.

1 雨なのに友達と運動場で遊んでしまって、帰ったら泥（　　）だった。

① 一色　　　② づくし　　　③ ずくめ　　　④ まみれ

2 今は、わざわざ遠くに足を運ぶ（　　）、インターネットで手軽に買い物ができるようになった。

① までもない　　② までもなく　　③ まではない　　④ まではなく

2 다음 문장을 알맞은 순서대로 배열해 보세요.

1 洗濯の時、＿＿　＿＿　＿＿　＿＿。[- - -]

① 泥まみれになった　② 洗っていたら　③ 娘の服を　④ ため息が出た

2 ＿＿　＿＿　＿＿　＿＿。[- - -]

① 天気が暖かくなり　　　　② 風も優しくなって
③ 2月も末になってから　　　④ 春めいてきた

3 다음 빈칸에 들어갈 것으로 알맞은 것을 고르세요.

1 人気ゲームの発売当日。僕たちは朝早くゲーム販売店に向かったが、もうゲームは売り切れていた。「昨日から並んだら買えた（　　）…。」友達は落胆した顔でそう言った。

① ものの　　　② ものを　　　③ もので　　　④ ものは

2 この機械が常用されるようになれば、高齢者はもちろん、若者にも役立つだろうということは、（　　）。

① 言うまでもない　② 言うこともない　③ 言うかもしれない　④ 言うものではない

DAY 26 문형체크

126 〜や否(いな)や ~하자마자
접속 동사 사전형 + や否(いな)や

弟は、電話を切るや否や、家を出かけた。
あの歌手のコンサートチケットは販売されるや否や売り切れてしまった。

127 〜ように ~하기를
접속 동사 사전형 / 정중형 / ない형 + ように

私の夢が叶いますように。
N1に合格するように。

128 〜ようによって(は) ~하기에 따라서(는)
접속 동사 ます형 + ようによって(は)

この絵は、見ようによって海にも、山にも見える。
友だちとの交流のために作られたSNSも、使いようによっては犯罪の手段になりかねない。

129 〜わ〜わ ~하지 ~하지
접속 동사 / 명사 / 형용사 보통형 + わ + 동사 / 명사 / 형용사 보통형 + わ

家に帰るなりカバンは投げるわ、部屋は散らかすわ、掃除をしてもしてもきりがない！
給料は上がらないわ、昇進はできないわ、最近、働きがいが感じられない！

130 〜を受(う)けて ~의 영향을 받아, ~을/를 반영하여, ~로 인해
접속 명사 + を受けて

最近の世界経済の不況の影響を受けて、国内の物価も上がりつつある。
日本銀行の金利政策を受けて、市中銀行の金利も上がっている。

📖 보너스

〜や
축약형

⚠️ 주의! (시제가 현재일 때)

명사 / な형용사 어간 + だ + わ + 명사 / な형용사 어간 + だ + わ

問題2　次の文の★に入る最もよいものを、1・2・3・4から一つ選びなさい。

|1|　姉は、★ ＿＿ ＿＿ ＿＿。

1　鳴るや否や　　　2　飛び起きて　　　3　リビングに向かった　　4　目覚ましが

---

1 괄호 안에 들어갈 문법 표현으로 알맞은 것을 골라 보세요.

1 インフレの影響を(　　　)、日常用品の値段も上がっている。

① もらって　　② 控えて　　③ 受けて　　④ 受かって

2 授業が終わる(　　　)、学生たちは教室を出た。

① とたん　　② かないかのうちに　　③ や否や　　④ か否か

2 다음 문장을 알맞은 순서대로 배열해 보세요.

1 刑事は、＿＿ ＿＿ ＿＿ ＿＿。[- - -]

① ドアを蹴り倒して　② 犯人を追いかけた　③ や否や　④ 犯人を見かける

2 ＿＿ ＿＿ ＿＿ ＿＿。[- - -]

① 特設コーナーが設けられた　　② 直木賞(なおき)受賞を受けて
③ 全国の書店では　　④ 加藤(かとう)さんの

3 다음 빈칸에 들어갈 것으로 알맞은 것을 고르세요.

1 明日は娘の大学受験日だ。私はキッチンで一人、「娘が大学に受かります(　　　)」と、祈った。

① ようの　　② ように　　③ ような　　④ ようだ

2 朝から雨に降られる(　　　)、会社に遅刻する(　　　)、帰りに財布も忘れて、もうくたくただ。

① つ、つ　　② わ、わ　　③ なり、なり　　④ にしろ、にしろ

177

DAY 27 문형체크

131 ～をおいて他にない ~을/를 제외하고 달리 없다

접속 명사 + をおいて他にない

いくら考えてみても、次の会長は彼をおいて他にいない。
日本文化を研究するには、この大学をおいて他にない。

132 ～をおして ~을/를 무릅쓰고

접속 명사 + をおして

父は、熱があるのに無理をおして会社に行った。
私は、吹雪をおして富士山に登った。

133 ～を限りに/限りで ~을/를 끝으로

접속 명사 + を限りに/限りで

今日を限りに、二度とタバコは吸うまい。
あの歌手、今年限りで引退するらしいよ。

134 ～を皮切りに(として) ~을/를 시작으로

접속 동사 사전형 / た형 + の + を皮切りに(として)
명사 + を皮切りに(として)

あの監督の映画は、パリの国際映画祭に招かれたのを皮切りに、様々な国際映画祭で受賞されるようになった。
今回のコンサートは、ソウルを皮切りに世界20ヵ国で開かれる予定だ。

135 ～を機に ~을/를 계기로

접속 명사 + を機に

大学入学を機に、イメージチェンジをした。
父は、引退を機に、登山に目覚めたようだ。

🍊 **보너스**

何をおいても
어떤 상황이라도, 가장 제일로

📖 **같이 알아두기**

～をおいてない로도 사용할 수 있어요.

🍊 **보너스**

～を押し切って
강조하는 표현

問題3　次の文章を読んで、文章全体の趣旨を踏まえて、41 から 44 の中に入る最もよいものを、1・2・3・4から一つ選びなさい。

私の人生は交通事故 41 、変わりました。私は専門の舞踊家（ぶようか）として活躍していましたが、事故のせいで舞踊（ぶよう）を辞めざるを得ませんでした。最初は本当に辛かったですが、踊ることを 42 他に何もなかった私は、障害者からなる舞踊団（ぶようだん）を作り、また舞台に立つために頑張ったのです。家族は危ないからと言って止めましたが、家族の反対を 43 始めたこの舞踊団（ぶようだん）は、ある新聞に紹介されたのを 44 、今は全国公演をするほど規模が大きくなりました。

41	1 を機に	2 をきっかけで	3 が機で	4 が機に
42	1 おいたら	2 おくのでは	3 おくと	4 おいて
43	1 おしては	2 おしてから	3 おすと	4 おして
44	1 皮きりで	2 皮切りに	3 皮きりの	4 皮切りは

1 괄호 안에 들어갈 문법 표현으로 알맞은 것을 골라 보세요.

1 本日(　　　)、営業を終わります。

① 限りか　　② 限りの　　③ 限りに　　④ 限りで

2 あの店は、ニュースで紹介されたことを(　　　)、いろいろな番組に出て有名になった。

① 皮切りに　　② 皮きりで　　③ 皮きりの　　④ 皮切りが

2 다음 문장을 알맞은 순서대로 배열해 보세요.

1 あの二人、＿＿ ＿＿ ＿＿ ＿＿。[- - -]

① 反対をおして　　② 両家の家族の　　③ 結婚したと　　④ うちの姉が言ってたよ

2 姉は、大学に入ってから雰囲気が変わった。＿＿ ＿＿ ＿＿ ＿＿。[- - -]

① イメージチェンジを　　② 大学入学を機に
③ したかったらしい　　④ 姉によると

3 다음 빈칸에 들어갈 것으로 알맞은 것을 고르세요.

1 今月を(　　　)、市民会館は改築に入ります。

① 限りは　　② 限りに　　③ 限りの　　④ 限りでは

2 このドラマとの出会いを(　　　)、日本語に興味を持つようになりました。

① 機に　　② 機で　　③ 機の　　④ 機は

DAY 28 문형체크

136 〜を禁じ得ない　~을/를 금할 수 없다

접속　명사 + を禁じ得ない

水害により住むところを失った人々の姿に、
悲しみを禁じ得なかった。
最近の地球温暖化による海面上昇問題に、
危惧を禁じ得ない。

137 〜を控えて　~을/를 앞두고

접속　명사 + を控えて

体育祭を控えて、うちのクラスは気合を入れていた。
大学受験を控えて、志望大学の募集要項を確認してみた。

138 〜を経て　~을/를 거쳐

접속　명사 + を経て

アメリカ留学を経て、語学はもちろん、異文化への理解も
深めることができた。
日本の文化は、京都を経て、西と東へ伝わってきました。

139 〜をもって(すれば)　1. ~으로　2. ~로써

접속　명사 + をもって(すれば)

総理大臣の辞任は、国民投票をもって決めることもできます。
当店は本日をもって閉店することとなりました。
長らくのご愛顧、ありがとうございました。

140 〜をものともせず(に)　~에도 아랑곳하지 않고

접속　명사 + をものともせず(に)

波が激しいのをものともせず、彼はサーフィンをしていた。
息子は、暑いのをものともせず、この夏の日の中でもう3時間も
遊んでいる。

問題1 次の文の（　　）に入れるのに最もよいものを、1・2・3・4から一つ選びなさい。

1　佐藤(さとう)選手は、ケガを（　　　）、見事にチームを優勝へ導いた。

1　ものともせず　　2　ものでもせず　　3　ものにもせず　　4　ものもせず

---

1 괄호 안에 들어갈 문법 표현으로 알맞은 것을 골라 보세요.

1 彼女は、重い病気を(　　　)、明るく生きようとしている。

① ものでもせず　② ものともせず　③ ものにもせず　④ ものでせず

2 彼の急な訃報(ふほう)を聞いて、私は涙を(　　　)。

① 禁じ得られなかった　　② 禁じ得た
③ 禁じ得なかった　　④ 禁じ得ずにはいられなかった。

2 다음 문장을 알맞은 순서대로 배열해 보세요.

1 明日がスピーチコンテストだ。＿＿ ＿＿ ＿＿ ＿＿。[- - -]

① 確認し続けたが　　② 何度も原稿を
③ ちゃんと言えるか自信がない　　④ コンテストを控えて

2 出張でフランスへ行くことになりました。＿＿ ＿＿ ＿＿ ＿＿。[- - -]

① 日本を出発し　② バンコクを経て　③ フランスへ行きます　④ 経路は

3 다음 빈칸에 들어갈 것으로 알맞은 것을 고르세요.

1 合否(ごうひ)判定は、書面(　　　)お知らせいたします。

① をもって　② をもち　③ をもつに　④ をもってから

2 私は、本日4月3日を(　　　)、営業部に配属されることになりました。

① もち　② もって　③ もっての　④ もってから

DAY 29 　文型체크

141　〜を余儀なくされる　어쩔 수 없이 ~하게 되다

접속　명사 + を余儀なくされる

景気悪化に伴い、弊社も閉業を余儀なくされました。
震災により、多くの人が地元を去るのを余儀なくされました。

> 🍎 보너스
> 〜を余儀なくさせる
> 어쩔 수 없이 ~하게 하다

142　〜をよそに　~에도 아랑곳하지 않고

접속　명사 + をよそに

親の心配をよそに、私は海外留学の道へ歩んだ。
厳しい経済状況の中、景気の低迷をよそに、売り上げを伸ばしている会社もある。

143　〜んがため(に)　~하기 위해

접속　동사 ない형 + んがため(に)

留学に行かんがために、今まで頑張って語学力を磨いてきた。
張 博士は、貧困者の治療をせんがため、無料の病院を作りました。

> 🍎 보너스
> 〜んがための + 명사
> ~하기 위한 명사
>
> ⚠️ 주의!
> する → せんがため

144　〜んじゃなかった　~하는 게 아니었다

접속　동사 사전형 + んじゃなかった

ここまで眠れないんだったら、コーヒーなんか飲むんじゃなかった。
こんなに後悔ばかり残ると知ってたなら、会うんじゃなかった。

145　〜んばかり　~할 듯

접속　동사 ない형 + んばかり

彼女は、泣かんばかりの顔で座っていた。
彼は、叫ばんばかりに、相手を睨みつけていた。

> ⚠️ 주의!
> する → せんばかり

問題2　次の文の★に入る最もよいものを、1・2・3・4から一つ選びなさい。

1　　★　＿＿　＿＿　＿＿。

1　私のことを　　2　言わんばかりに　　3　睨みつけていた　　4　彼は出ていけと

---

1 괄호 안에 들어갈 문법 표현으로 알맞은 것을 골라 보세요.

1 台風のせいで、庭の木が折れん（　　　）に揺れている。
　① ずくめ　　② じゃなかった　　③ がため　　④ ばかり

2 もう、お母さんに話すん（　　　）。小言ばかり言われたよ。
　① ばかりだ　　② じゃなかった　　③ がために　　④ がためだ

2 다음 문장을 알맞은 순서대로 배열해 보세요.

1 彼は、留学に行くことにした。それで彼は、＿＿　＿＿　＿＿　＿＿。［ - - - ］
　① 奨学金などを　　② 留学する学校や　　③ 一生懸命に探した　　④ 親の反対をよそに

2 彼女は、あまりのひどい言葉に＿＿　＿＿　＿＿。［ - - - ］
　① 顔になって　　　　　　　② 立っているだけだった
　③ ずっと部屋の中に　　　　④ 泣かんばかりの

3 다음 빈칸에 들어갈 것으로 알맞은 것을 고르세요.

1 誠(まこと)は、とてもイライラしていた。友達とケンカをしてしまったのだ。誠(まこと)は泣かんばかりの顔をして、一人で呟いていた。「もう、あいつと遊ぶん（　　　）！」
　① じゃなかった　　② じゃない　　③ じゃなかったら　　④ じゃないよ

2 景気悪化により、リストラを（　　　）。多くの人が首になった。
　① 余儀なくさせる　　② 余儀なくされた　　③ 余儀なくされる　　④ 余儀なくさせた

DAY 30　문형체크

146　의문사 + ともなく　~이랄 것도 없이

접속　의문사 + ともなく

どこともなく、おいしい匂いがしてきた。
どちらからともなく、二人は手を握った。

147　의지형 + が/と　~이라 해도

접속　동사 의지형 + が/と

誰に何と言われようが、私は留学に行ってみせる。
あんたがどこに行こうと、私とは関係ないことだ。

148　의지형 + が/と + ～まい + が/と　~하든 ~하지 않든

접속　동사 의지형 + が/と + 동사 사전형 + まい + が/と

あなたが宿題をしようがしまいが、私は知らない。
もう勝手にして！
親が止めようが止めまいが、私は海外の企業に就職する
ことにした。

149　의지형 + にも + 가능형 + ない　~하려 해도 ~할 수 없다

접속　동사 의지형 + にも + 가능형 + ない

今ね、猫が私の腕の上で寝ていてさ、動こうにも
動けないんだよ。
私、アレルギーがあるから、どうしても食べようにも
食べられないんだよね。

150　의지형 + ものなら　~라도 하게 되면, ~했다가는

접속　의지형 + ものなら

彼女は大人しいが、いざマイクを持とうものなら、
絶対誰にも譲らない。
気を付けろよ。先生に見つかろうものなら…、
_{ていがく}
停学では終わらないんだよ。

問題3　次の文章を読んで、文章全体の趣旨を踏まえて、 41 から 44 の中に入る最もよいものを、1・2・3・4から一つ選びなさい。

この時間になると、 41 おいしそうな匂いが街中に広がる。あ、ここは今日カレーなんだ、とか、ここは肉じゃがなんだ、など、嗅ぐだけで懐かしくなる匂い。みんな、それぞれの「おふくろの味」というものを持っているのだ。 42 、僕の母はもう数年前になくなってしまったので、僕はもう、どうやっても、自分の「おふくろの味」は 43 感じられなく、それがたまに僕をとても悲しくさせる。「いい歳になって」と言われるかもしれないが、誰に何と 44 、この匂いがすると母に会いたくなる。

41	1 どちらにせよ	2 どこからともなく	3 どこでもなく	4 どちらことなしに
42	1 だが	2 そこで	3 それで	4 そして
43	1 感じられても	2 感じても	3 感じようにも	4 感じようとも
44	1 言われようが	2 言われとも	3 言われずに	4 言われるが

---

1 괄호 안에 들어갈 문법 표현으로 알맞은 것을 골라 보세요.

1 いつから(　　　)、私は彼に恋をしていた。
　① ことなしに　　② ともないに　　③ ともなく　　④ ことなく

2 誰に何と(　　　)、私は自分で選んだ道を歩く。
　① 言うが　　② 言われると　　③ 言おうが　　④ 言われようが

2 다음 문장을 알맞은 순서대로 배열해 보세요.

1 学校に行きたくないなら行かなくていいのよ。＿＿＿＿＿＿＿＿。[- - -]
　① そんなことは　　　　　　② 行こうが行くまいが
　③ 私とは関係ないことだから　④ あなたが学校に

2 あのチームは強すぎる。＿＿＿＿＿＿＿＿。[- - -]
　① 勝てない相手だと　② 勝とうにも　③ 考えられるけど…　④ 僕たちが

3 다음 빈칸에 들어갈 것으로 알맞은 것을 고르세요.

1 契約を破棄(　　　)ものなら、違約金を払わなければなりません。
　① する　　② した　　③ しよう　　④ したが

2 もう、彼とは(　　　)にも(　　　)。
　① 会おう、会えない　② 会う、会わない　③ 会おう、会わない　④ 会う、会えない

정답

 문자어휘편

DAY 01
1 3 그는 계몽주의에 가까운 사상을 갖고 있다.

1
- **1** ③ [경매]
- **2** ② [격절]
- **3** ④ [가도]
- **4** ⑤ [경내]
- **5** ① [갯벌]

2
- **1** ④ 슈퍼 푸드로서 각광을 받고 있다.
- **2** ② 미하마 씨는 회사의 대표이사로 추천받았으나, 고사했다.
- **3** ② 죄수를 고문하는 것은 비인도적이고 인권침해를 이유로 금지되었다.

3
- **1** ③ 회사가 도산해서 회사 건물까지 경매 물건이 되어 버렸다.
- **2** ① 갱생의 기회를 주는 것으로 재범률을 감소시키는 것이 가능하다고 여겨지고 있다.
- **3** ① 갈등이 일어난 때의 해결 방법은 사람 각자 다르다.

DAY 02
1 1 남편은 만취해서 돌아왔다.

1
- **1** ① [누설]
- **2** ② [기호]
- **3** ③ [도태]
- **4** ④ [만취]
- **5** ⑤ [낭보]

2
- **1** ④ 통신 서비스 회사에서는 개인정보가 누설되지 않도록 주의를 기울여야 한다.
- **2** ③ 다음 작품 내용을 구상하고 있다.
- **3** ① 근거 없는 주장은 설득력을 잃어버린다.

3
- **1** ① 술은 기호품이니까, 과음하지 않는 한 끊을 필요는 없다고 생각해요.
- **2** ② 실력을 갈고닦지 않으면 언젠가는 도태될 거야.
- **3** ③ 이상과 현실의 괴리에 견딜 수 없게 되었다.

DAY 03
1 4 북쪽 방향을 향해 걸어 갑시다.

1
- **1** ④ [발흥]
- **2** ③ [반주]
- **3** ② [백중]
- **4** ⑤ [번성]
- **5** ① [명료]

2
- **1** ④ 아버지는 집 뒤에 철도가 설치되는 것에 맹반대했다.
- **2** ④ 그녀는 비난 섞인 말투로 그에게 이야기했다.
- **3** ① 이 동물 사전은 일본의 모든 동물을 망라하고 있습니다.

3
- **1** ④ 그는 상대의 미묘한 변화도 놓치지 않습니다.
- **2** ① 이번 회의에 참가할 사람의 리스트를 작성했습니다.
- **3** ③ 캐리어에 명찰을 달아 두었다.

DAY 04 ① 2
저희 대학의 입학 시험에는 면접 전형이 있습니다.

1
- ① ⑤ [분별]
- ② ② [분주]
- ③ ④ [상중]
- ④ ③ [사기]
- ⑤ ① [본명]

2
- ① ② 환경을 지키기 위해 쓰레기 분리수거를 좀 더 확실히 합시다.
- ② ① 빚을 전부 변제했다.
- ③ ① 이 책이 나오기까지 부침도 많았지만, 무사히 출판되어서 다행이다.

3
- ① ① 비행 청소년이 경찰에게 주의받고 있어요.
- ② ② 그는 높이뛰기 세계기록을 보유하고 있습니다.

DAY 05 ① 4
환경문제야말로, 현대사회에서의 중요한 문제이다.

1
- ① ④ [희소식]
- ② ③ [익명]
- ③ ② [유포]
- ④ ① [체면, 외관]
- ⑤ ⑤ [시사]

2
- ① ① 저출산에 의해 소아과 담당 의사나 간호사의 숫자가 적어지고 있다.
- ② ③ 이 일은 저 혼자서 하기에는 역부족입니다.
- ③ ① 인터넷 쇼핑은 편리성이 우수하다.

3
- ① ② 헛소문이 유포되고 있다.
- ② ③ 재해로 인해 가족을 잃은 사람들이 크게 슬퍼하는 모습은 보기 힘들었다.

DAY 06 ① 1
건강을 신경 쓰지 않는 생활을 하면, 나중에 큰 병에 걸릴지도 몰라.

1
- ① ⑤ [고무]
- ② ① [고개, 고비, 절정]
- ③ ② [가장 유력시되는 인물, 진심]
- ④ ④ [같은 부류]
- ⑤ ③ [겉치레, 미화]

2
- ① ④ 성격이 다른 두 사람 사이에 간격이 있는 것은 어쩔 수 없다.
- ② ③ 정부는 금리를 인정시킬 계획이다.
- ③ ① 그녀는 감정보다도 이치를 중시하는 사람이다.

3
- ① ① 가장 강조하고 싶은 기사는 1면에 싣는 것입니다.
- ② ④ 소동물 부류라면 뭐든 좋아해요.
- ③ ① 전쟁의 참상을 목격하고, 나는 쇼크를 받았다.

DAY 07　1　2　내년도 입학을 목표로, 수험공부를 시작했다.

1
- 1 ① [만년]
- 2 ② [마음 깊은 곳, 깊이 신뢰함]
- 3 ③ [맞버팀]
- 4 ④ [문지방]
- 5 ⑤ [딱한 모양, 꼴]

2
- 1 ③ 오늘은 동장군의 도래로 인하여, 추위가 어제보다도 한층 심해졌습니다.
- 2 ① 우리 집은 맞벌이라서 장남인 내가 남동생을 돌보고 있다.
- 3 ② 역 앞에서 곤란해하는 사람에게 길 가는 순서를 알려주었다.

3
- 1 ① 야당과 여당은 법안 통과를 둘러싸고 팽팽히 맞버텼다.
- 2 ① 도매 일을 하고 있습니다.
- 3 ③ 그의 만년은 쓸쓸했다.

DAY 08　1　2　서로 짜고 주식 시세를 조작했다.

1
- 1 ② [산기슭]
- 2 ① [상업상의 경쟁]
- 3 ⑤ [사항, 사정]
- 4 ③ [생각, 기대, 예상, 예측, 평판]
- 5 ④ [불안정하고 위태로운 상태]

2
- 1 ③ 교통사고의 보상금으로서 100만 엔을 받았습니다.
- 2 ① 생활비 변통에 곤란해하고 있다.
- 3 ④ 켄타가 부상을 입은 것은 모두 저의 불찰입니다.

3
- 1 ② 무계획적인 소비로 인해 빚에 허덕이고 있는 젊은이가 늘고 있다.
- 2 ① 바이러스 확산에 의해, 사람들은 마스크를 사재기하기 시작했다.
- 3 ① 밤이었기에 누가 누구인지 구별이 되지 않았어요.

DAY 09　1　2　섣달 그믐날에는 대청소를 한다.

1
- 1 ② [선수]
- 2 ③ [소매, 기슭]
- 3 ④ [소행]
- 4 ⑤ [속이 빤히 보임]
- 5 ① [실수, 잘못]

2
- 1 ① 당하기 전에 선수를 친다.
- 2 ① 이런 심한 짓, 절대로 그 녀석의 소행이야.
- 3 ② 책은 마음의 양식이라고 하니까, 책을 많이 읽어야 하는 거야.

3
- 1 ④ 사건 해결에 단서가 발견된 것 같다.
- 2 ② 그는 자신을 정당화하기 위해 억지 논리를 부리고 있다.
- 3 ① 두 사람은 힘들었지만, 헤어지기로 했다.

DAY 10 ① 2 정체를 알 수 없는 분노가 나를 덮쳤다.

1
- ① ① [헛수고]
- ② ④ [대낮, 결백함]
- ③ ③ [행동, 몸짓, 표정]
- ④ ② [최상]
- ⑤ ⑤ [착상, 고안]

2
- ① ④ 딸이 집을 떠나는 것을 배웅하다.
- ② ① 어리석음의 최고봉인 생각이다.
- ③ ① 복구의 전망은 없다.

3
- ① ④ 좋은 생각이 났다.
- ② ① 범인이 자백했습니다.
- ③ ② 정체 모를 두려움을 느꼈다.

DAY 11 ① 2 그것은 리스크가 너무 크다.

1
- ① ② [레이아웃, 틀]
- ② ③ [로맨틱]
- ③ ④ [리스트업, 목록을 만듦]
- ④ ⑤ [마분지, 일정량을 담은 상자, 담배의 보루]
- ⑤ ① [무시]

2
- ① ① 흑과 백이 대조를 이루다.
- ② ④ 미묘하게 다른 말의 뉘앙스를 파악하기는 어렵습니다.
- ③ ① 주차할 수 있는 공간이 있으면 좋을 텐데.

3
- ① ② 노상에서 생활하는 사람을 노숙자라고 합니다.
- ② ④ 2년간의 공백이 있네요. 그동안은 무엇을 하셨습니까?

DAY 12 ① 1 응원단은 선수들에게 뜨거운 성원을 보냈다.

1
- ① ④ [비율]
- ② ② [브로커]
- ③ ③ [백업, 보조]
- ④ ⑤ [센서]
- ⑤ ① [쉐어, 점유율]

2
- ① ① 데이터 보존을 위해서라도, 수시로 백업해 주세요.
- ② ① 시장에서의 점유율을 넓힐 필요가 있다.
- ③ ② 터치 센서의 민감도를 올렸습니다.

3
- ① ① 나는 직설적으로 표현하는 성격입니다.
- ② ④ 우아한 말투이네요.

DAY 13   1   3   이번 달의 할당량은 달성하지 못했다.

1
- 1 ① [인플레이션]
- 2 ⑤ [장르]
- 3 ② [저축, 비축, 자본]
- 4 ③ [커닝]
- 5 ④ [플라시보 효과]

2
- 1 ① 이 영화의 장르는 무엇입니까?
- 2 ① 환율 변동이 극심하다.
- 3 ③ 입소문으로 유명해진 가게에 가 봤어요.

3
- 1 ③ 소형 우산을 찾고 있어요.
- 2 ① 경제 전문가와 함께, 현대 일본 경제의 문제점에 대해 이야기를 나누어 봅시다.
- 3 ② 지금까지 쌓아 온 커리어를 생각하면, 간단히 이직할 수는 없다.

DAY 14   1   2   민감한 문제이므로, 될 수 있는 한 신중히 접하고 싶습니다.

1
- 1 ① [딜레마]
- 2 ⑤ [센스]
- 3 ② [스페이스 셔틀, 우주선]
- 4 ④ [슬로건]
- 5 ③ [파업]

2
- 1 ① 외출했는데, 약속 시간 10분 전에 약속을 취소당했다.
- 2 ④ 올해 7월부터 우리 회사는 쿨 비즈를 행합니다.
- 3 ③ 저 사람, 낙하산 입사라는데, 의외로 일을 잘하네.

3
- 1 ④ 파업의 영향으로 사회가 혼란하다.
- 2 ④ 그 화제는 민감하니까 그만둘까.
- 3 ① 고객님으로부터 클레임이 걸려 왔습니다.

DAY 15   1   4   이 회의에서는 활발하게 의견을 주고받는 것을 장려하고 있습니다.

1
- 1 ⑤ [무리 짓다]
- 2 ④ [기르다, 키우다]
- 3 ③ [기르다, 배양하다]
- 4 ② [거느리다, 인솔하다]
- 5 ① [갖추다]

2
- 1 ① 닭이 병아리를 기른다.
- 2 ① 학생들을 인솔하여 소풍을 갑니다.
- 3 ① 기초를 제대로 익히지 않으면, 실력을 기를 수 없어.

3
- 1 ③ 무심코, 역명을 놓쳐 버렸다.
- 2 ④ 놓친 부분이 있으면 알려 주세요.
- 3 ③ 실컷 고민했지만, 그 회사에 투자하기로 (과감히) 결정했다.

DAY 16

1 3 그녀가 어딘가를 응시하고 있었다.

1
- 1 ⑤ [둔해지다, 무뎌지다]
- 2 ④ [달래다]
- 3 ③ [다하다]
- 4 ② [담당하다]
- 5 ① [다시 태어나다]

2
- 1 ③ 그의 능력은 우리들의 기대에 적합하다.
- 2 ④ 그는 거짓말이 들켜서 당황하고 있었다.
- 3 ① 아무리 달래도, 얼러도 알아듣지 않았다.

3
- 1 ④ 손님을 접대하는 것은 정말 중요합니다.
- 2 ② 마모루 군은 나를 보고는 당황하기 시작했다.
- 3 ④ 뭐든 도전하는 것이 중요하다.

DAY 17

1 3 도서관 서적을 허가 없이 반출해서는 안 됩니다.

1
- 1 ④ [분쟁이 일어나다, 다투다]
- 2 ② [묻다, 빈 칸을 채우다]
- 3 ⑤ [물들다]
- 4 ③ [무의식 중에 입 밖에 내다]
- 5 ① [방해하다, 저지하다]

2
- 1 ② 팀장님께 프로젝트 기일을 미뤄 주실 수 있을지 여쭤보겠습니다.
- 2 ② 문제의 근본적인 원인에 뛰어들어, 제대로 된 대책을 세울 필요가 있습니다.
- 3 ④ 한 번 더 듣고 빈칸을 채우세요.

3
- 1 ① 팬들이 콘서트장에 모여 콘서트를 즐겼다.
- 2 ④ 그 사람은 무심코 입 밖에 내버리니까, 비밀을 들려줄 수 없다.
- 3 ③ 새 거래처에서 매입한 상품이 대인기이다.

DAY 18

1 2 아이가 부모에게 응석을 부리고 있었다.

1
- 1 ① [엿보다]
- 2 ② [엉기다, 열중하다]
- 3 ③ [약해지다]
- 4 ④ [앞당기다]
- 5 ⑤ [익다, 무르익다]

2
- 1 ① 처음에는 다친 곳이 아팠지만, 서서히 아픔은 약해졌다.
- 2 ④ 임무를 완수했습니다.
- 3 ③ 가끔은 어른이라도, 부모에게 응석 부리고 싶을 때가 있지.

3
- 1 ④ 빈칸을 채워 주세요.
- 2 ③ 좋은 타이밍에서 일을 일단락 지었다.

DAY 19

1 　2　　최근 친구가 항상 푸념만 하고 있어서 약간 지친다.

1
- **1** ③　[확정하다, 확인하다, 지켜보다]
- **2** ⑤　[통감하다]
- **3** ②　[필적하다]
- **4** ①　[주문하다, 맞추다]
- **5** ④　[정돈하다]

2
- **1** ②　부모가 되고 나서야 비로소, 부모의 힘듦을 통감했다.
- **2** ①　딸의 고등학교 입학에 앞서, 교복을 맞추러 갔다.
- **3** ③　남동생의 병도, 점점 차도를 향해 갔다. (차도가 보이기 시작했다.)

3
- **1** ③　마에다 씨, 약간 잘난 체하는 데가 있어서 싫어.
- **2** ①　여러 가지 문제에 대해 이야기하는 것보다, 하나로 좁히는 편이 말하기 쉬울 거라고 생각해요.

DAY 20

1 　4　　매우 고풍스러운 인테리어네요. 멋져요.

1
- **1** ①　[공손하다, 정중하다]
- **2** ③　[꺼림칙하다, 번거롭다, 싫다, 귀찮다]
- **3** ⑤　[불길하다, 꺼림칙하다]
- **4** ②　[덧없다]
- **5** ④　[미련 없이 깨끗하다, 결백하다]

2
- **1** ②　외국에 오래 살고 있으면, 문화 차이 등으로 가끔 쓸쓸한 기분이 되는 경우가 있다.
- **2** ②　깨끗이 사과하는 그녀의 솔직함에 감탄했다.
- **3** ③　비열한 수로 이겨도 기쁘지 않아.

3
- **1** ①　저 사람은 잔소리만 하니까 거북해.
- **2** ④　유리는 낯가림도 없고 붙임성이 좋아서 인기가 있다.
- **3** ②　도쿄 여행을 가는 날이 기다려져서 잠들 수 없다.

DAY 21

1 　3　　저 사람은 누구에게도 허물없는 태도를 취한다.

1
- **1** ①　[유명하다]
- **2** ③　[오랜만이다]
- **3** ②　[엄격하다, 거북하다]
- **4** ⑤　[의아스럽다, 의심스럽다]
- **5** ④　[쉽다, 용이하다]

2
- **1** ④　만원 전철은 언제나 답답하다.
- **2** ①　스낵 빵 하나 산 것 갖고 생색내지 마. 있을 수 없어.
- **3** ③　숙제를 잊어버린 데다가, 휴대전화도 잃어버리다니! 정말 내가 한심하다.

3
- **1** ②　사람이 가득 찬 엘리베이터는 답답하다.
- **2** ④　나중에 얘기해. 헷갈리잖니.
- **3** ①　만나고 싶은데 이제 만날 수 없다니, 너무 애달픈 내용이네.

DAY 22 | 1 | 2 | 원활한 수출을 위해, 정부는 규제를 느슨하게 하겠다고 했다.

1
- 1 ② [기발하다]
- 2 ③ [다양하다]
- 3 ① [다감하다]
- 4 ④ [느릿하다, 느슨하다]
- 5 ⑤ [귀찮다]

2
- 1 ① 왜 사람은 수면을 취해야만 하는가에 대해서는 다양한 의견이 나오고 있다.
- 2 ④ 그의 노랫소리는 매우 감미로워, 여성에게 인기가 있다.
- 3 ③ 아버지는 고지식한 사람이라 가끔은 말이 통하지 않는다.

3
- 1 ④ 나이를 먹고도 강건한 몸을 가진 그는, 지금도 왕성히 활동하고 있다.
- 2 ① 대강 말하자면, 그녀와 그가 사귀기로 했다는 거야.
- 3 ③ 막대한 예산이 사용되었지만, 좀처럼 결과가 나오질 않는다.

DAY 23 | 1 | 3 | 사소한 걸로 화내지 마.

1
- 1 ① [부주의하다]
- 2 ③ [불쾌하다, 기분이 좋지 않다]
- 3 ④ [불합리하다]
- 4 ② [선명하다]
- 5 ⑤ [빈약하다]

2
- 1 ③ 엄마는 나의 유학을 맹렬하게 반대했다.
- 2 ④ 남동생은 신중한 성격으로, 별로 말하지 않는, 말이 없는 사람이다.
- 3 ① 순수했던 어린 시절로 돌아가고 싶다.

3
- 1 ② 최근 나와 남편은 빈번하게 싸우고 있다.
- 2 ② 시부야는 언제나 번잡하다.
- 3 ① 그런 명령은 불합리합니다.

DAY 24 | 1 | 2 | 딸은 공들여 밸런타인 데이의 초콜릿을 만들고 있다.

1
- 1 ③ [허술하다, 공허하다]
- 2 ② [정중하다, 공들이다]
- 3 ① [희미하다, 미미하다]
- 4 ④ [정교하다]
- 5 ⑤ [정성 들이다, 공들이다]

2
- 1 ④ 이 시계는 스위스 시계 장인이 정교하게 만든 고급품이야.
- 2 ④ 그녀는 매우 착실하고 꼼꼼해서, 회사의 모두가 신뢰하고 있어.
- 3 ② 아버지는 매우 억센 사람이었지만, 나를 많이 사랑해 주었다.

3
- 1 ② 매출이 완만한, 변동 없음 상태가 계속되고 있다.
- 2 ② 그녀는 병을 극복하고 나서부터 또 왕성하게 활동하고 있다.
- 3 ① 원만한 결론을 낼 수 있도록 노력하겠습니다.

DAY 25

1 1 미야모토 씨는 어려운 문제도 가뿐하게 풀어.

1
1. ⑤ [가까스로, 겨우]
2. ② [가능한 한, 애써]
3. ③ [가뿐하게]
4. ④ [특히]
5. ① [공공연함]

2
1. ① 무리하게 먹을 수 없는 것을 먹지 않아도 괜찮아.
2. ④ 정사원이 아니라 굳이 아르바이트로서 일하는 사람도 많아요.
3. ③ 이 책은 극히 짧은 문장으로 쓰여 있어서 읽기 쉽다.

3
1. ② 이번에는 교묘하게 속였을지 몰라도, 다음은 몰라.
2. ① 자고 있었구나. 그래서 전화를 못 받았던 거군.
3. ③ 몸 상태는 좋지 않지만, 가능한 한 학교를 쉬고 싶지 않았기에 참았습니다.

DAY 26

1 3 사쿠라 씨는 지역 사회에 크게 공헌했다.

1
1. ② [팔방미인]
2. ③ [대체로, 일반적으로]
3. ④ [대단히, 크게, 매우, 많이]
4. ⑤ [돼지 목에 진주]
5. ① [기분전환]

2
1. ① 어제까지 철야로 일을 해서, 오늘은 이제 지쳤다.
2. ④ 조금 기분이 좋지 않았기 때문에, 기분전환으로 근처 서점에 갔다 왔어요.
3. ② 선생님, 긴히 전해드릴 말씀이 있습니다만.

3
1. ① 일반적으로 사춘기에는 여러 가치관의 변화가 일어나는 것이다.
2. ① 그는 공부를 잘 못해서, 한자도 제대로 읽을 수 없다. 하물며 수학 이론 따위 이해할 수 없겠지.
3. ③ 망년회에 참가하고 싶은 경우에는 전화 내지 전자 메일로 알리게 되어 있다.

DAY 27

1 1 순진한 아이들의 웃음소리를 듣고 있으면 행복한 기분이 된다.

1
1. ① [뜻하지 않음, 당치도 않음, 언어도단]
2. ③ [만일, 만약, 임시로]
3. ④ [말 끝]
4. ⑤ [~망]
5. ② [맹~]

2
1. ② 만일을 위해, 한 번 더 확인하고 나서 신청해 주세요.
2. ① 만일, 당신이 지금부터 대학원에 간다고 합시다.
3. ③ 1학년 혹은 2학년 학생을 담당하고 싶은 분 계십니까?

3
1. ② 문제 해결책을 찾을 수가 없어, 망연자실하고 있다.
2. ① 발표하고 있는 중에, 계속 참견 당해서 제대로 발표할 수 없었다.

DAY 28 ① 2   여행, 어디가 좋아? 타이완? 상하이? 아니면 베트남?

1
- ① ① [어중이 떠중이도 다]
- ② ⑤ [아무리 착해도 거듭 당하면 화를 낸다]
- ③ ② [연말]
- ④ ③ [아는 체하다, 건방지다]
- ⑤ ④ [무조건]

2
- ① ④ 그녀는 회의할 때 항상 바지런하게 메모를 한다.
- ② ② 내일이 문화제라니, 두근거려서 잠들 수가 없어.
- ③ ① 나와 남동생은 쌍둥이라고 할 정도로 닮았다.

3
- ① ② 그는 사정도 묻지 않고 무조건 야단친다.
- ② ① 딸의 어학력은 순식간에 성장하고 있다.

DAY 29 ① 2   그것이 정답이라고 일괄적으로 이야기할 수는 없습니다.

1
- ① ③ [연말]
- ② ① [오로지, 한결같이, 전혀]
- ③ ④ [온종일, 늘, 언제나]
- ④ ⑤ [이구동성]
- ⑤ ② [이제 와서]

2
- ① ① 엄마는 가족을 위해 항상 부지런히 집안일을 하고, 최선을 다한다.
- ② ④ 그녀는 한결같이 자신의 연구에 전념할 뿐이다.
- ③ ② 부장님은 늘 척척 일을 잘해서, 주위로부터 신뢰받고 있다.

3
- ① ① 그렇다고 해서 일률적으로 나쁘다고는 할 수 없다.
- ② ② 무서운 뉴스를 듣고 있자니 소름이 돋았다.

DAY 30 ① 1   지금껏 나는 혼자서 산 적이 없다.

1
- ① ① [현격히]
- ② ② [지금껏, 한 번도]
- ③ ③ [참고 견디면 복이 온다]
- ④ ④ [청산유수]
- ⑤ ⑤ [전혀, 도무지]

2
- ① ④ 지금은 힘들지도 모르지만, 참고 견디면 복이 오니까, 포기하지 말고 힘내!
- ② ① 어머, 나는 틀림없이 당신이 이미 저녁밥을 먹었다고 생각했어. 어쩌지.
- ③ ② 미안해요. 지금 주머니 사정이 나빠서 외식은 못 해요.

3
- ① ② 남자친구가 만든 카레는 맛이 그저 그랬다.
- ② ② 미안해, 나, 틀림없이 쓰레기라고 생각해서…당신의 원고를 버려 버렸어.

정답  문법편

DAY 01

1 4
실적 여하에 상관없이 보수는 일정합니다.

1
- **1** ① 세금을 사용해서 해외여행을 가다니, 그런 정치인을 믿을 수 있겠는가.
- **2** ② 합격할 수 있을지 없을지 이전에, 신청할 수 있을지 없을지를 확인하는 편이 좋지 않아?

2
- **1** ④-③-①-② 사원이 있고 나서야 회사가 있다는 것을 잊어서는 안 된다.
- **2** ②-③-④-① 큰일이다. 하지만 이제 곧 골인데 여기서 포기할 수 있겠는가!

3
- **1** ④ 효과 여하에 상관없이, 이러한 교육정책은 부모와 학생, 양쪽에 부담이 될 뿐이다.
- **2** ② 내부 심사 여하에 따라서는, 수상자가 나오지 않을 가능성도 있습니다.

DAY 02

1 3
형은 일을 하는 한편으로 그림도 그려서 전시회까지 열었다고 한다.

1
- **1** ④ 언니는 육아를 하는 한편, 인터넷에서 자기가 만든 뜨개질 소품을 팔고 있다.
- **2** ③ 이렇게 훌륭한 선물을 받다니, 정말 기뻐요.

2
- **1** ④-①-③-② 나에게는 레벨이 높은 곳이지만, 이 대학에 출원서류를 제출할지 말지 망설이고 있어.
- **2** ③-②-④-① 퇴근하고 나서 서둘러 달려가 봤지만 시간이 시간인 만큼, 가게는 이미 닫혀 있었다.

3
- **1** ① 이 기업의 회장은, 경영을 하는 한편 맹인 안내견 육성에도 힘을 쏟고 있다.
- **2** ② 시기가 시기인 만큼 벌써 벚꽃은 져 버렸다.

DAY 03

41	1
42	3
43	2
44	2

일본은 크게 나누어 4개의 섬으로 구성된 나라로, 그 인구도 일억 명이 넘는, 매우 규모가 큰 나라이다. 그러나 국토의 70%가 산지이기에, 대부분의 사람은 많지 않은 평야 지역에 밀집되어 있다. 따라서 일본의 인구 밀도는 매우 높다고 할 수 있다. 도쿄에는 무려 1,400만 명이나 되는 사람이 살고 있다고 한다.

1
- **1** ③ 소나기라고 생각했더니 태풍이었다.
- **2** ③ 아들은 고등학생 때는 집에 돌아오자마자 바로 방에 틀어박혔다.

2
- **1** ①-②-④-③ 내일이 학교 문화제이기 때문에, 동아리 부원 모두는 분주했다.
- **2** ②-④-③-① 그녀는 겨우 울음을 그쳤나 싶었더니 다시 울기 시작했다.

3
- **1** ② 한국은 오천만 명이나 되는 사람이 살고 있는 나라이며, 그중에서도 서울에 살고 있는 인구는 약 천만 명 정도이다.
- **2** ② 지구는 바다와 대륙으로 구성되어 있다. 특히 바다는 지구의 약 70%를 차지하고 있다.

DAY 04

	1	4	너 같은 녀석에게 질까 보냐.
1	1 ①		상대는 나 같은 일반인에게는 전혀 손에 닿지 않는 사람이다.
	2 ④		그는 무심코 다른 사람이 하는 일에 참견하는 경향이 있다.
2	1 ④-②-③-①		그런 걸 말하다니, 아무리 그래도 상대에게 너무 실례이지 않은가.
	2 ④-②-①-③		10시 넘어서 학교에 갈 정도라면 차라리 안 가는 편이 낫지 않은가.
3	1 ②		이른바 '편의점 경어'에 대해, '고객에 대한 상냥함을 표현하는 것이니까 괜찮다'라고 옹호하는 사람이 있는데, 아무리 그래도 그것은 부자연스럽기 짝이 없다.
	2 ②		보통 고작 100엔 잃어버린 정도로 그렇게 기분이 처지나?

DAY 05

	1	3	오늘은 저희 가게의 예약 실수로 인해 폐를 끼쳐서 대단히 죄송합니다.
1	1 ③		급한 일로 인해 제대로 대접하지 못한 점, 정말 죄송했습니다.
	2 ②		컴퓨터도 TV도 없다면, 이제 잘 수밖에 없을 거야.
2	1 ②-④-③-①		TV 형사 드라마를 보고 있었더니, 엄마가 목욕하라고 해서 누가 범인인지는 알지 못하고 말았다.
	2 ④-②-①-③		그녀는 쓰고 있던 작품을 금방 던져버리고는 다른 작품을 연재하니까, 독자의 불만이 밀려오는 것이다.
3	1 ③		딸의 결혼에 아들의 대기업 입사 등, 요즘 우리 집은 좋은 일투성이다.
	2 ②		도쿄 여행을 위해서, 가이드북까지 샀는데 전혀 읽지 못하고 말았다.

DAY 06

	41	1	책은 한 번 나왔다 하면 끝입니다. 그러므로 책을 출판하기 전가지 오탈자, 그리고 내용의 오류 등을 수정해야만 합니다. 그것을 잊어버린다면, 많은 클레임이 받게 될 것을 항상 머릿속에 넣어 둘 필요가 있습니다. '완벽한 책을 만들고야 말겠다!' 라는 각오로 책 제작에 임해 주세요.
	42	2	
	43	4	
	44	1	
1	1 ③		"이번에야말로 그 사건의 범인을 잡고야 말겠다."라고 경부는 말했다.
	2 ③		나라의 예산 사용에 대해서는 우리 일반 국민도 잘 알아 두어야만 합니다.
2	1 ②-③-④-①		엄마가 부지런히 빵을 굽는 족족 아이들이 구워진 빵을 마구 먹고 있다.
	2 ④-②-③-①		일본어 공부를 하려고 해도, 새로운 단어가 나오면 외우는 족족 잊어버리게 되기에 정말 큰일이다.
3	1 ④		"이제 여기에 오지 마"라고 말하고 싶었는데, 말하려다 못했다.
	2 ③		회사는 그만두면 끝이다. 퇴직은 신중하게 결정해야 한다.

DAY 07

1 ③ 　미동도 하지 않는 그녀의 모습에 나는 감탄할 수밖에 없었다.

1
- **1** ① 　내일이 성적 발표라니, 엄마에게 혼나는 걸 생각하는 것만으로도 우울해져.
- **2** ③ 　기운 내. 다치지 않은 것만으로도 다행이잖아.

2
- **1** ②-③-①-④ 　네가 가수가 되고 싶다면 단지 노래를 잘하는 것만으로는 부족해. 운도 중요해.
- **2** ④-②-③-① 　당신과 헤어지는 것을 생각만 해도 너무 슬퍼서 눈물이 나와.

3
- **1** ① 　조금 기침을 할 뿐이야. 회사를 쉬다니 있을 수 없어.
- **2** ① 　예상조차 하지 못한 그의 방문에 나는 그저 곤란할 뿐이었다.

DAY 08

1 1 　거기 봐! 돌고래가 바닷속을 뜨거나 가라앉거나 하는 게 보이지?

1
- **1** ④ 　아버지는 뭔가를 기다리는 것처럼, 아까부터 계속 집 밖을 왔다 갔다 하고 있다.
- **2** ① 　우산을 갖고 있었다면, 흠뻑 젖지 않아도 됐을 텐데….

2
- **1** ②-④-③-① 　집에 돌아갔으면 돌아갔다고 연락 정도 해 줘.
- **2** ②-①-③-④ 　하루도 내가 당신을 잊었던 적 따위 없었어.

3
- **1** ③ 　나라의 리더인 사람이 가져야만 하는 것은 무엇일까. 그것은 국민의 말을 잘 듣고 실행하고자 하는 마음가짐이라고 생각한다.
- **2** ① 　돈 같은 거 없으면 없는 대로 어떻게 되는 법이야.

DAY 09

41	3
42	1
43	2
44	4

또 옆방에서 시끄러운 소리가 들려온다. 이제 지긋지긋하다. 한 달이나 이런 소음에 수면을 방해받아 견딜 수 없다. 나는 집주인에게 전화를 걸었다. 집주인은 "대학생이라서 아마 들떠 있는 거라고 생각해요. 주의 줄 테니까…"라고 했지만, 대학생이든 뭐든 내 생활을 방해하는 것은 용서하기 어렵다. 아니, 오히려 대학생이니까 엄중히 주의를 주어야 마땅하다.

1
- **1** ③ 　10층에서 떨어진 아이가 상처 하나 없이 살아남았다. 이것이 기적이 아니고 무엇인가.
- **2** ① 　겨울이 싫은 건 아니지만, 이렇게 추워서야 견딜 수 없다.

2
- **1** ①-②-④-③ 　재택근무가 되고 나서 계속 일이 순조로워, 능률도 올랐다.
- **2** ①-②-③-④ 　아이에게 매너를 익히게 하기 위해서라도 부모는 아이에게 훈육을 보다 제대로 해야 마땅하다.

3
- **1** ④ 　회사에서는 상사든 동료든 항상 좋은 관계를 유지해야만 한다.
- **2** ① 　이 영양제를 먹고 나서부터 피부가 매우 매끈매끈해졌다.

DAY 10

1   1   올해는 모두가 행복해지는 것을 간절히 바란다.

1
- **1** ② 이제 초등학생도 아니고, 내일 준비는 스스로 하렴.
- **2** ④ 이 절은 일본에서 가장 유명하다 해도 괜찮다.

2
- **1** ②-①-③-④ 이건 일본인이 가장 사랑하는 노래 랭킹 1위야.
- **2** ②-①-③-④ TV에 좀 나왔다고 잘도 자기가 유명인이 되었다고 말하기를 주저하지 않네.

3
- **1** ① 이번 시험이야말로 1등이 되어 보이겠어. 그녀는 그렇게 생각하고 나서부터 맹렬히 공부하기 시작한 것이다.
- **2** ③ 그 왕에게는 세 딸이 있었는데, 그중에서도 가장 그가 사랑해 마지않는 것은 막내딸인 마리아 왕녀였다.

DAY 11

1   2   이 전골은 국산 닭고기와 정성 들여 맛을 낸 육수가 맞물려 매우 깊이가 있어 맛있다.

1
- **1** ② 다음에야말로 반드시 내가 영업 실적 1등이 되어 주겠어.
- **2** ③ 카페에 들어오는 사람들이 추워하는 것을 보면, 밖은 꽤 기온이 내려간 것 같다.

2
- **1** ①-③-②-④ 역 반대편 승강장을 무심코 보고 있었더니 전 남자친구의 모습이 보였다.
- **2** ①-②-③-④ 옆에 앉은 사람들의 이야기를 무심코 듣고 있자니 나도 모르게 웃을 뻔했다.

3
- **1** ① 옛날이야기나 동화의 끝은 항상 '언제나 행복하게'로 끝난다. 그러니, 해피 엔딩이라고는 해도, 정말 그것이 언제까지고 계속되는 것일까.
- **2** ① 이 커피는 산미가 있는 원두와 크리미한 우유가 맞물려 매우 절묘한 맛이 난다.

DAY 12

41	3
42	1
43	4
44	3

세계적인 경제 위기라서, 혼인율도 출생률도 극심한 저하 양상을 보이고 있습니다. 결혼이나 출산을 하지 않는다고 할까, 그들을 '포기하고 있다'라고 말하는 편이 정확할지도 모르겠군요. 그 대신 자기 생활이나 자기 계발에 좀 더 힘을 쏟고 있는 사람들이 늘고 있습니다. 이러한 사람들에게 가장 중요한 것은 '자기 자신'이고, 지금, 이 경제위기 속을 '자신'이 어떻게 살아가면 좋을지 그것만으로도 머릿속이 꽉 차 있는 것입니다. 즉, 옛날 가치관 등은 이제 통하지 않는다는 것이죠.

1
- **1** ② 저의 힘이 필요하다면 언제든 도와 드릴게요.
- **2** ① 여름방학 첫날이라서 대학은 조용함 그 자체였다.

2
- **1** ④-②-①-③ 아무리 친한 사이라도 들키고 싶지 않은 것이 있다.
- **2** ④-②-③-① 그녀의 아버지는 얼굴이며 말투며 모든 것이 그녀와 똑 닮아서 놀랐다.

3
- **1** ④ 상담이 필요하면 언제든 상담해 줄게.
- **2** ① 그녀의 아이디어는 기발하다고 할까, 뭐라고 할까, 어쨌든 일반 사람은 생각할 수 없는 뭔가가 있었다.

DAY 13

1 ③ 최근 젊은이들로 말할 것 같으면, 전철 안에서도 태연히 길게 통화한다니까.

1
- ① ② 낮이고 밤이고 할 것 없이, 노래방 간판이 눈이 부셔서 잠을 잘 수 없다.
- ② ③ 올해 보너스는 기껏해야 한 달 치 월급 정도이다.

2
- ① ②-④-③-① 만원 전철은 정말 성가시다. 역을 못 내리거나, 사람에게 부딪히거나, 정말 짜증난다.
- ② ④-②-①-③ 내가 생각하기에, 이제 이 기업은 일본을 대표하는 기업이 되었다고 해도 과언이 아니다.

3
- ① ② "엄마로 말할 것 같으면(엄마는 정말), 또 장 안 봤지? 반찬이 어묵뿐이라니 너무 허전하잖아!"
- ② ① 이제 그것은 옛것이 되었다 해도 과언이 아니다.

DAY 14

1 ④ 아무리 졸리다고 해도, 이렇게 찬 곳에서 태평하게 잘 수 있는 사람이 있다니 놀랍기 그지없다.

1
- ① ④ 바쁘신 중에 실례하겠습니다.
- ② ② 성적 등으로 학생을 차별하는 것은 선생으로서 해서는 안 될 행위이다.

2
- ① ③-④-②-① 모두 노는 것을 좋아하는 것 같았지만, 막상 수험생이 되면 진로에 대해 여러 가지 고민하는 법이다.
- ② ①-②-③-④ 공부만 하라고는 말하지 않겠지만, 이제 고등학생이니까 정신 똑바로 차려.

3
- ① ③ 나보다 우수한 사람이 많이 있는데, 내가 학생 대표로서 선출되다니!
- ② ① 그것은 정치인으로서 해선 안 되는 행동입니다.

DAY 15

41	2
42	2
43	3
44	2

나는 심한 알레르기성 비염이다. 이미 선천적인 것으로, 특히 건조한 봄이나 가을이 되면 눈도 뜰 수 없을 정도로 심해진다. 정말로 성가셔서, 비염이 심해지면 정말 어떻게든 되지 않는 것인가 하고 생각하게 된다. 언제나 알레르기 약을 갖고 있지 않으면 안 되는 것도 힘들다. 더이상, 약 없이는 살아갈 수 없을 정도로. 어떻게 하면 이게 진정될까.

1
- ① ② 몸이 안 좋으면 안 좋다고 빨리 말해주면 좋았을 텐데.
- ② ① 이 곱슬머리 어떻게 안 될까.

2
- ① ②-③-④-① 그 음악가는 노래를 옛날부터 좋아했다고 말하고는 생긋 웃었다.
- ② ②-①-③-④ 노력 없이는 성공도 없다.

3
- ① ④ '지고 싶지 않아, 계속 이기고 싶어'라고 말하지만, 그것은 오만한 말이다. '지는 것 없이는 승리도 없기' 때문이다.
- ② ③ 오면 온다고 연락해 줬으면 차라도 준비해 뒀을 텐데.

DAY 16

	1	2	대학에 가든 취직을 하든, 어쨌든 이제 독립해.
1	1	①	스테이크라면 모를까, 미트볼로는 부족하다고.
	2	③	언니는 집에 돌아오자마자 계속 방에 틀어박혀 있다.
2	1	①-②-③-④	이 길을 걷고 있으면 교토만의 독특한 거리를 즐길 수 있어요. 매력적이죠?
	2	③-②-①-④	매우 서투른 꽃다발이지만, 그 나름대로 열심히 만들어 주었다고 생각하면 마음이 뜨거워졌다.
3	1	②	오늘은 네 생일이니까, 스테이크든 파스타든 좋아하는 걸 시켜도 좋아.
	2	③	오키나와만의 요리라고 하면 참프루가 있겠네요.

DAY 17

	1	1	타카하시 씨는 차분한 것과 달리 그의 아버지는 꽤 덜렁댄다.
1	1	②	아무리 노력해도 마츠이씨에게는 미치지 못한다.
	2	①	그 전시회, 기대하고 있었는데, 시간이 없어서 가려 해도 갈 수 없었어.
2	1	④-②-①-③	곤란한 사람을 돕는 것은 당연하니까 고마워할 필요 없어.
	2	④-③-①-②	아, 아뇨, 당연한 일을 했을 뿐이니까 감사 인사는 하지 않으셔도 괜찮아요.
3	1	③	얌전하고 차분한 느낌의 아내와 달리, 남편은 행동도 거칠고 목소리도 크다. 매우 닮지 않은, 재미있는 부부이다.
	2	③	재해 시에 냉정히 상황을 파악하고 재빠르게 피난하는 것이 중요하다.

DAY 18

	41	2	서점에 가는 사람이 줄어들고 있다. '서점에 자주 간다'라고 답한 사람은 30대가 30%로, 10대에 이르러서는 겨우 10%였다. 서점에 가지 않는 이유 1위는 '즐겁지 않으니까'였다. 그러나 나의 의견으로는 서점만큼 즐거운 곳도 없다. 문학에서 여행서에 이르기까지 다양한 장르의 모험을 할 수 있다. 이 즐거움을 아무도 모르는 것이 슬펐다. 그 때문인지, 최근 '디지털화'를 구실로 사라져가는 서점을 보고 있자면, 매우 슬픈 기분이 든다.
	42	1	
	43	1	
	44	1	
1	1	③	방에 틀어박히는 청년의 증가에 이르러서, 겨우 정부는 재활 프로그램을 기획했다.
	2	③	이 병원에는 가벼운 감기부터 암 등 무거운 병에 이르기까지 다양한 병을 다루고 있다.
2	1	①-②-③-④	나의 의견으로는 학교는 단지 공부하는 곳만이 아니라 사회성을 익히는 중요한 곳이다.
	2	③-④-②-①	나는 장래 영어와 관련된 일을 하고 싶다고 생각하고 있습니다.
3	1	③	아들은 교육용 동영상 시청을 구실로 계속 스마트폰을 만지작대고 있다.
	2	①	가게 사람 의견으로는, 새 휴대전화를 사는 게 좋대.

DAY 19

1 ③ 이마에다씨는 시험 전에 놀기만 했다. 시험 결과는 예측하기 어렵지 않다.

1
- **1** ④ 월급은 많은 것이 제일이다.
- **2** ① 모래성은 파도에 의해 일순간에 무너져 버렸다.

2
- **1** ②-④-③-① 오래전부터 이 현상을 연구해 온 사람으로서는 이번 세미나는 반드시 참가하고 싶을 것이다.
- **2** ②-③-①-④ 그녀가 이직한 이유는 예측하기에 어렵지 않다.

3
- **1** ① 재해로 딸을 잃은 가족의 마음은 상상하기에 어렵지 않다. 더이상 이런 슬픈 일이 일어나지 않도록 해야만 한다.
- **2** ① 어머니에게 드릴 선물로 고민할 때는, 돈을 건네는 것이 제일이다. 스스로 좋아하는 것을 고를 수 있으니까.

DAY 20

1 ③ 조사에 의하면 지금까지의 피해자 수는 300명에 달한다고 합니다.

1
- **1** ② 이번 태풍 피해는 5천만 엔에 달했다.
- **2** ③ 실정에 입각한, 더욱 현실적인 교육정책을 세울 필요가 있다.

2
- **1** ①-②-④-③ 그 선생님은 학문적으로도 인간적으로도 존경할 만한 분이라고 생각합니다.
- **2** ①-②-④-③ 그의 노래는 매우 심해서 차마 들어주지 못할 정도였다.

3
- **1** ① 일러스트를 모아 취향에 맞는 일러스트를 만들어 주는 AI 기술이 생겼다. 이것들은 저작권 침해의 우려가 있으므로, 법률에 입각하여 엄격하게 규제해야만 한다.
- **2** ④ 나는 일본에 그치지 않고 세계에서 평가받는 영화를 만들고 싶다.

DAY 21

41	3
42	1
43	2
44	3

…(전략)…여기에서의 생활은 천국과도 같은 것이었다. 먹어본 적 없는 진수성찬에, 그것만으로도 충분히 매우 사치스러운데, 식사가 끝나면 느긋하게 목욕도 할 수 있다. 그보다 더 나를 즐겁게 하는 것은 푹신푹신한 침대에서 잘 수 있다는 것이다. "호강에도 정도가 있어!"라고, 가난뱅이였던 나는 외치면서도, 이 생활에 완전히 익숙해져 버렸다. 정말로 행복의 극치이다.

1
- **1** ① 어제 결혼식에서는 축사의 말을 잊어버려서 부끄럽기 그지없었어요.
- **2** ④ 캐비어가 올라간 스테이크라니, 그야말로 최고로 사치스럽다.

2
- **1** ②-④-①-③ 이렇게 연구 성과가 좋은 것은 연구실 모두가 노력해 준 것에 의한 바가 큽니다.
- **2** ④-③-②-① 응석을 받아 주는 것에도 정도가 있는 법이야.

3
- **1** ② 이렇게 국민 여러분께 응원을 받을 수 있어 매우 영광입니다.
- **2** ① 이번 N1 시험은 저번 시험보다 더 어려웠다.

DAY 22

| 1 | 2 | 표현의 자유를 핑계 삼아 다른 사람을 중상모략해서는 안 돼. |

1
- **1** ① 그렇게 노력해서 공부했는걸. 떨어지지는 않을 거야.
- **2** ③ 아빠는 나를 보지도 않고 지나쳐 버렸다.

2
- **1** ④-②-③-① 좋아, 청소는 전부 끝났다. 남은 건 이시다 씨가 오는 것을 기다리기만 하면 된다.
- **2** ④-②-①-③ 그는 한겨울에도 난방은커녕 코타츠조차도 사용하지 않는다고 한다

3
- **1** ② 스스로 조사도 하지 않고 질문하는 것은 안 됩니다. 스스로 조사하고 나서 질문해 주세요.
- **2** ③ 회사에 나밖에 없는 것을 핑계삼아, 음악을 틀어 놓고 일하고 있는 참에, 갑자기 문이 열렸다.

DAY 23

| 1 | 4 | 친구를 괴롭히는 것은 절대로 해선 안 되는 일입니다. |

1
- **1** ② 아이의 장래를 생각하기에, 좀 더 좋은 학군으로 이사하는 것이다.
- **2** ② 왜 회사를 그만뒀는지 말하기 시작하면 끝이 없다.

2
- **1** ③-④-②-① 이번 프로젝트는 귀사의 협력이 있기에 반드시 성공할 것입니다.
- **2** ①-④-②-③ 어떤 일이 있어도 음주운전은 해서는 안 되는 것입니다.

3
- **1** ④ 올해 대회야말로 우승하기 위해 부원들은 열심히 연습했다.
- **2** ② "여기에 붙어 있잖아요. 거리에서 흡연하지 말 것, 하고." 그녀는 나를 향해 말했다.

DAY 24

41	3
42	1
43	4
44	1

다이어트를 성공한 후, "다이어트도 끝났으니까, 이제 막 먹어야지!"라고 생각하는 분도 있을 거라고 생각합니다. 하지만, 그러한 '폭식'은 그만두는 편이 좋습니다. 다이어트가 막 끝난 몸은 아직 '폭식에 견딜 수 있다'고 할 정도라고는 말할 수 없습니다. 이 시기는 겨우 건강한 식습관에 익숙해지는 시기입니다. 그런데도 폭식해 버리면 병에 걸릴지도 모릅니다. 폭식은, 굳이 할 만한 것은 아닙니다.

1
- **1** ① 미국이 세계 경제의 중심이라는 것은 의심할 수 없다.
- **2** ② 성공할 만해서 성공한 것이다. 자랑스럽게 생각해라.

2
- **1** ④-②-①-③ 그 게임, 재미있지 않은 건 아닌데 그렇다고 해서 매일 할 만한 건 아니야.
- **2** ①-④-②-③ 무리야. 몇 명이 모이든 초심자가 전문가에 필적할 수는 없어.

3
- **1** ③ 열심히 연습하고, 라이벌을 분석했다. 우리는 이길 만해서 이긴 것이다.
- **2** ② 나는 책이라면 뭐든 상관없이 닥치는 대로 읽었다.

DAY 25 　1　 3　　청소했더니, 먼지투성이가 되었다.

1　1　④　　비가 오는데 친구와 운동장에서 놀아 버려서, 집에 돌아갔더니
　　　　　　　　진흙투성이였다.
　　2　②　　지금은 일부러 멀리 발을 옮길 것도 없이, 인터넷으로 가볍게 쇼핑할
　　　　　　　　수 있게 되었다.

2　1　①-③-②-④　　빨래할 때, 진흙투성이가 된 딸의 옷을 빨고 있자니 한숨이 나왔다.
　　2　③-①-②-④　　2월도 월말이 되니 날씨가 따뜻해지고 바람도 부드러워져서
　　　　　　　　　　　　봄다워졌다.

3　1　②　　인기 게임 발매 당일. 우리는 아침 일찍 게임 판매점으로 향했지만,
　　　　　　　　이미 게임은 매진되어 있었다. "어제부터 줄을 섰으면 샀을 텐데…."
　　　　　　　　친구는 낙담한 얼굴로 그렇게 말했다.
　　2　①　　이 기계가 상용화되면, 고령자는 물론 젊은이들에게도 도움이
　　　　　　　　되리라는 것은 말할 것도 없다.

DAY 26 　1　 4　　누나는 알람 시계가 울리자마자 벌떡 일어나서 거실로 향했다.

1　1　③　　인플레이션의 영향을 받아 생필품의 가격도 오르고 있다.
　　2　③　　수업이 끝나자마자 학생들은 교실을 나섰다.

2　1　④-③-①-②　　형사는 범인을 발견하자마자 문을 박차고 범인을 쫓았다.
　　2　④-②-③-①　　카토 씨의 나오키상 수상으로 인해 전국 서점에서는 특설 코너가
　　　　　　　　　　　　설치되었다.

3　1　②　　내일은 딸의 대학 수험 날이다. 나는 부엌에서 혼자, "딸이 대학에
　　　　　　　　합격하기를" 하고, 기도했다.
　　2　②　　아침부터 비는 맞았지, 회사에는 지각했지, 돌아가는 길에 지갑도
　　　　　　　　잃어버리고, 이제 지쳤다.

DAY 27
　　41　1
　　42　4
　　43　4
　　44　2

제 인생은 교통사고를 계기로 변했어요. 저는 전문 무용가로서 활약하고 있었지만, 사고 탓으로 무용을 그만두어야만 했어요. 처음에는 정말 힘들었지만, 춤추는 것을 제외하고 아무것도 없었던 저는, 장애인 무용단을 만들어, 다시 무대에 서기 위해 노력했어요. 가족은 위험하다고 말렸지만, 가족의 반대를 무릅쓰고 시작한 이 무용단은, 어느 신문에 소개된 것을 시작으로 지금은 전국 공연을 할 정도로 규모가 커졌어요.

1　1　④　　오늘을 끝으로 영업을 종료합니다.
　　2　①　　그 가게는 뉴스에서 소개된 것을 시작으로 여러 가지 TV 프로그램에
　　　　　　　　나와 유명해졌다.

2　1　②-①-③-④　　그 두 사람, 가족의 반대를 무릅쓰고 결혼했다고 우리 누나가 말했어.
　　2　④-②-①-③　　언니는 대학에 들어가고 나서 분위기가 변했다. 언니에 의하면 대학
　　　　　　　　　　　　입학을 계기로 이미지 변신을 하고 싶었다고 한다.

3　1　②　　이번 달을 끝으로, 시민회관은 개축에 들어갑니다.
　　2　①　　이 드라마와의 만남을 계기로 일본어에 흥미를 갖게 되었습니다.

DAY 28

1 ① 1 　사토 선수는 부상에도 아랑곳하지 않고 훌륭하게 팀을 우승으로 이끌었다.

1 1 ① ② 　그녀는 중병에도 아랑곳하지 않고 밝게 살아가고자 하고 있다.
　　2 ③ 　그의 갑작스러운 부고를 듣고 나는 눈물을 금할 수 없었다.

2 1 ④-②-①-③ 　내일이 스피치 콘테스트다. 콘테스트를 앞두고 몇 번이나 원고를 계속 확인했지만 잘 말할 수 있을지 자신이 없다.
　　2 ④-①-②-③ 　출장으로 프랑스에 가게 되었습니다. 경로는 일본을 출발하여 방콕을 거쳐 프랑스로 갑니다.

3 1 ① 　합격·불합격 여부는 서면으로 알려드립니다.
　　2 ② 　저는 오늘 4월 3일부터 영업부 소속이 되었습니다.

DAY 29

1 ① 4 　그는 나가라고 말하는 듯이 나를 노려보고 있었다.

1 1 ① ④ 　태풍 탓으로 정원의 나무가 쓰러질 것처럼 흔들리고 있다.
　　2 ② 　정말, 엄마랑 얘기하는 게 아니었어. 잔소리만 들었어.

2 1 ④-②-①-③ 　그는 유학을 가기로 했다. 그래서 그는 부모의 반대에도 아랑곳하지 않고 유학할 학교나 장학금 등을 열심히 찾았다.
　　2 ④-①-③-② 　그녀는 너무 심한 말에 울 것 같은 얼굴이 되어 계속 방안에 서 있을 뿐이었다.

3 1 ① 　마코토는 매우 안절부절못하고 있었다. 친구와 싸워 버린 것이다. 마코토는 울 듯한 얼굴이 되어 혼자서 중얼거리고 있었다. "진짜, 그런 녀석이랑 노는 게 아니었어!"
　　2 ② 　경기 악화로 인해, 어쩔 수 없이 구조조정을 했다. 많은 사람이 해고되었다.

DAY 30

41	2
42	1
43	3
44	1

이 시간이 되면, 어디라고 할 것 없이 맛있는 냄새가 거리에 퍼진다. 아, 여기는 오늘 카레구나, 라든가, 여기는 고기 감자조림이네, 등 맡는 것만으로 그리워지는 냄새. 모두, 각자의 '엄마의 손맛'이라는 것을 갖고 있다. 그러나, 나의 어머니는 벌써 수년 전에 돌아가셨기에, 나는 이제, 어떻게 해도, 나의 '엄마의 손맛'은 느끼려야 느낄 수 없고, 그것이 가끔 나를 매우 슬프게 한다. '나이도 먹을 만큼 먹은 사람이….'라는 말을 들을지도 모르지만, 누가 뭐라고 하든, 이 냄새가 나면 어머니를 만나고 싶어진다.

1 1 ③ 　언제부터라고 할 것 없이 나는 그를 사랑하고 있었다.
　　2 ④ 　누가 뭐라든 나는 스스로 선택한 길을 걷겠다.

2 1 ④-②-①-③ 　학교에 가고 싶지 않으면 안 가도 돼. 네가 학교에 가든 가지 않든 그런 건 나랑 상관없으니까.
　　2 ④-②-①-③ 　그 팀은 너무 강해. 우리가 이기려고 해도 이길 수 없는 상대라고 생각되는데….

3 1 ③ 　계약을 파기라도 하게 되면, 위약금을 내야만 합니다.
　　2 ① 　이제, 그와는 만나려고 해도 만날 수 없어.

MEMO

MEMO

JLPT N1 문자어휘편 · 문법편

초판 1쇄 발행 | 2025년 1월 1일
지은이 | 윤선아(유이)

감수 | 德竹真衣(토쿠타케 마이), 小川一枝(오가와 카즈에)
디자인 | 백현지

발행인 | 안희철
펴낸곳 | 노이지콘텐츠(주)
출판등록 | 2014년 1월 17일 (등록번호 301-2014-015)
주소 | 서울특별시 금천구 디지털로 178, B동 1612-13호(가산동)
이메일 | info@noisycontents.com

ISBN 979-11-6614-819-4(13730)

* 본 책은 저작권법에 의해 보호를 받는 저작물이므로 무단 전재와 복제를 금합니다.
* 잘못된 책은 구입처에서 교환하여 드립니다.